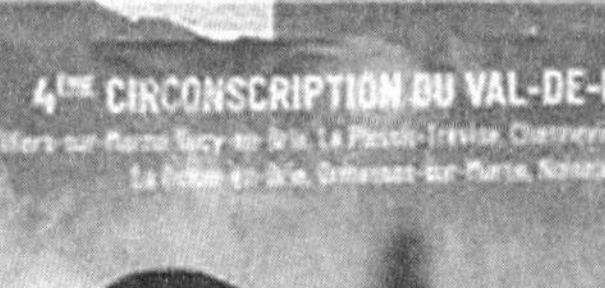

4ÈME CIRCONSCRIPTION DU VAL-DE-M

ADEL AMARA
VOTRE CANDIDAT
Élections législatives | 30 juin & 7 juillet
POUR LA DÉMOCRATIE, POUR L
POUR LA JUSTICE SOCIALE, POU
LES DIMANCHES
JUIN ET 7 JUILLET
VOTEZ
NOUVEAU
FRONT
POPULAIRE

CIRCONSCRIPTION DU VAL-DE-MA

ALAIN
DENEAULT

Izquierda caníbal y derecha vándala

LAS MALAS COSTUMBRES DE LA POLÍTICA

ENSAYO 42

We acknowledge the support of the Canada Council for the Arts for this translation.

ALAIN
DENEAULT

Izquierda caníbal y derecha vándala

LAS MALAS COSTUMBRES DE LA POLÍTICA

Traducción de
Carlos Clavería Laguarda

El placer infinito de creer en quien ha visto, cuya certeza es incuestionable, que no deja el más mínimo espacio, el más mínimo intersticio, el más mínimo defecto por donde pueda entrar una duda. No más parpadeos, no llamas vacilantes ni sonidos que rompan la armonía. La perfección, ¿cómo no abandonarse a ella?

François Roustang, «Adieu la vérité»

RUPTURA

No se trata de poner espalda contra espalda a los progresistas y a los conservadores, sino de analizar la crisis que afecta a ambas facciones. Nada de simetría inversa, mejor un pensamiento comprometido con ámbitos complejos que, más que dar importancia a las costumbres, llevan a una disolución de las mismas. Se complican hoy las condiciones que permiten tener unas costumbres y un mundo común, hábitos compartidos, discusiones estructuradas. Prueba de ello es la multiplicación de las disputas ideológicas, morales y de identidad que, con demasiada frecuencia, instrumentalizan las ideas en lugar de estudiarlas.

Los debates morales que hoy nos importan son parte de una inteligencia colectiva. Reelaboran las costumbres participando en la evolución de la sociedad. Indagar sobre las costumbres es integrarse en una comunidad por cuanto estas participan de prácticas comunes; es ir tras la forma en que nos construyen e intentar contribuir, de vuelta, a su evolución.

Interesarse en ello significa también desligar las costumbres de una cuestión más genérica: la política. Los hábitos tienen que ver con relaciones sociales inmediatas, como la vestimenta, la forma de ser, el lenguaje cotidiano… La modernidad se construyó gracias a la elaboración de estos códigos, a menudo distintivos, aunque no siempre edificantes.[1] La política tiene que ver con cuestiones generales mediatizadas por conceptos y símbolos que tienen en cuenta la compleja estructura de las relaciones que se establecen en espacios comunes. La moral gobierna, de este modo, dichas relaciones: la política, las instituciones, la ley y la disposición general de las relaciones sociales.

Por tanto, abordar las costumbres no puede subordinarse a la afirmación de que «todo es política». Poner al mismo nivel las costumbres y la política significa, sin duda, subsumir esta última en aquellas, perezosamente, porque entonces la compleja operación de elaboración política, mezclada con lo demás, consistirá solo en una reflexión sobre las relaciones inmediatas, con el riesgo de caer en lo anecdótico, de medirlo todo con el rasero de inmediatas relaciones de fuerza, y de instrumentalizar el pensamiento tras reducirlo a estas coyunturas. Si «todo es política», ya no hay política, sino represalia inmediata, hoy gestionada de forma digitalizada y acelerada.

Cuando los debates se convierten en batallas, caen en el moralismo, en la agitación y en la intoxicación, y estos excesos (en la izquierda y en la derecha) contribuyen a crear un entorno nocivo. Con el pretexto de hacerlas evolucionar, utilizamos las costumbres como estricto vector de oposición. Así pervertidas, las buenas costumbres ya no representan un método habitual y consuetudinario de apaciguamiento de las comunidades, sino que se convierten en una legitimación que los puristas y los impostores se arrogan para ejecutar sus golpes.

COMPROBADO

Reunidos en un seminario en Montreal en la primavera de 2017, un grupo de humanistas de tradición anglo-liberal debían visitar una comunidad mohawk. Los vi enfrentarse al conductor del autobús que debía llevarlos hasta allí porque llevaba una gorra con la caricatura de un piel roja; o si se prefiere, el logo de un equipo deportivo como tantos otros. Esta acción es, por supuesto, una reivindicación necesaria, quizá por eso estos emblemas tienden justamente a desaparecer: sucedió que los buenos apóstoles insultaron al conductor como paranoicos, como si el conductor del autobús, un proletario, hubiera «querido» desafiarlos aquella mañana al vestirse. En unos segundos, lo impactante ya no era el racismo ordinario que denotaba la vestimenta del hombre, sino la ira de los agentes de la buena conciencia. Se lanzaron contra él encendidos, pero la maldad desapareció tan pronto como les abrió la puerta. Las acusaciones de racismo incluso se prestaron a interpretaciones: ¡es quebequés, por eso nuestro hombre ha mostrado sed de segregación! Los doctos jueces a los que conducía a una reserva indígena fueron a escuchar las palabras de un anfitrión que les describía la opresión, real y verdadera, que sufría su comunidad, y lo hicieron sin la más mínima consideración intelectual por aquel sujeto que expresaba su enfado. El maniqueísmo fue capaz de tranquilizar a los profesores universitarios, que se limitaron a verlo todo a través del prisma del juicio moral.

¿RACISMO SISTÉMICO O SISTEMÁTICO?

Racismo es el nombre de una opción. No se gana nada reduciéndolo a una caracterología personal. No, básicamente ya no es tanto que alguien sea racista o no lo que supone un problema, sino que le sea permitido serlo en nuestra sociedad, que tenga la opción. El problema es que cualquier miembro de un grupo específico tiene la libertad de optar por el racismo ante cualquier miembro de otro grupo específico. Se basta por sí solo para hablar de racismo como fenómeno de alcance social. No podría haber racismo fuera de ese sistema de referencias. Los racistas son aquellos que, quieran o no, pueden en cualquier momento lanzar invectivas discriminatorias dependiendo de la pertenencia sociohistórica del «otro»; las víctimas de racismo son quienes pueden sufrir trato semejante siempre que otros crean que pueden optar por darlo. El racismo sigue siendo una cuestión que flota en el ambiente y de la que es muy difícil desprenderse.

Muy a menudo nos perdemos en tipologías ontológicas pobres. Diremos: «Fulano de Tal es racista» o «Fulano de Tal no es racista». Es racista, no es racista; significa claramente: elige serlo o no serlo. Decirse «no racista» es en sí una forma de reconocer el hecho social: el racismo existe y yo me abstengo de secundarlo; por tanto, yo no soy racista, entre otros que pueden serlo. No cederé... pero no cambiaré nada.

Si somos mínimamente rigurosos, el racismo no puede entenderse más que de forma sistémica. Necesariamente, nos defendemos de ser racistas cuando el fenómeno está muy extendido, del mismo modo que sufriremos mucha menos discriminación si hablamos mal de los calvos que de los negros, porque desde el punto de vista social la discriminación de los primeros es mucho menos significativa. ¿Se nos ocurriría de repente la idea de burlarnos de ellos o de las personas que tienen el pelo rizado? Un rasgo distintivo tan trivial no es relevante en nuestra sociedad y, ciertamente, la observación carecería de valor. No contaría con el apoyo de ningún grupo social. La invectiva racista nunca es un asunto individual, de quienes, por sí mismos, lo «son» o «no lo son». La codificación como tales trasciende la simple libertad individual.

Tenemos esta opción, que implica diversos grados y posibilidades según la sociedad en la que nos movemos, el barrio donde vivimos, la empresa o institución en la que trabajamos, el bar que frecuentamos... Pero las manifestaciones de racismo son lo suficientemente numerosas como para que resulte obsceno intentar negarlas.[2] Entrarán en juego la rareza, los distintos niveles y otras sutilidades. Como objetos del fenómeno, podríamos ser lo suficientemente insidiosos como para dudar siempre de la intención del sujeto, de la validez de sus sospechas. ¿Soy yo? ¿Es esto lo que, objetivamente, experimento? Sentirnos preocupados diariamente por esta cuestión es parte integral del racismo que nos rodea, estamos siempre dispuestos a cuestionar el nivel de realidad o de alucinación de lo que nos han hecho.

Independientemente de si somos racistas o no, la cuestión del racismo reside, pues, ante todo, en la cuestión social de que existe la opción. Y se ve más que claramente en una frase que se ha vuelto manifiestamente caricatural: «No soy racista, pero...». O, solo un poco más sutilmente, «mi vecino es negro y yo hablo con él». Estas frases teñidas de malestar no siempre son la manifestación de malos sentimientos. Sin embargo, revelan que el problema del racismo no es solo una casuística. Principalmente, no tiene relación con la moral personal porque es una cuestión social. Desde este punto de vista, dado que la cuestión del racismo concierne a algo más que ser racista o no serlo, el dilema es si estamos potencialmente en condiciones de serlo. ¿Podemos decidir manifestarnos de manera racista? Donde estamos, ¿tenemos esta posibilidad? Si es así, ese es el problema, un problema social.

Por lo que respecta a la víctima latente del racismo, esta permanece *a priori* pasiva en la ecuación: sabrá, en una circunstancia o en otra, si tendrá o no que soportarlo y responder a la amenaza que se cierne continuamente sobre ella.

Podemos desmitificar este estado de cosas. El escritor sueco Sven Lindqvist señaló un detalle histórico que permitió que el discurso racista se desarrollara como argumento de autoridad en una cultura.[3] Para que el estadista Jules Ferry pudiera establecer relaciones jerárquicas en el siglo XIX entre civilizaciones y razas superiores que tenían derechos y deberes sobre otras inferiores, los europeos tuvieron que desarrollar el armamento militar de manera fulgurante. Para algunos de sus ejércitos, apoyados en una ventaja estrictamente técnica, las incursiones coloniales en África parecieron el paseo informal previo a una competición deportiva. Nada podía enfrentarse a las nuevas máquinas de guerra de largo alcance. Después de esta implacable manifestación de violencia, un enorme aparato de propaganda maquilló el uso de la fuerza con una justificación ideológica. El racismo no nació allí, pero quienes querían hacer de esta ideología un marco cultural encontraron en la abundante producción de discursos racistas de principios del siglo xx una confirmación patente. El contexto era favorable para categorizar al «otro», subordinarlo legal y políticamente, degradarlo psicológicamente y encerrarlo en una representación esencialista de sí mismo. Y los poderes establecidos, públicos y privados, no fracasaron: propaganda estatal, enseñanza tendenciosa, literatura degradante, periodismo demagógico, marketing degradante...[4] El clima cambió rápidamente y el racismo se extendió y se volvió algo cotidiano.

Más allá del primer círculo de descendientes de personas que fueron asesinadas, que soportaron violencia y agravios, ¿cuántas sufren el racismo? Por culpa del racismo, un aire marchito arruina la vida de la comunidad que se ve afectada. ¿Cuántos blancos que nunca sufrieron personalmente los horrores del racismo han llegado, sin embargo, a afirmar un día: «Me fui de Francia porque estaba harto del racismo» o «abandoné la región de Alberta porque estaba cansado de conservadurismo rancio»? Para esa gente, no se trataba de afirmar estúpidamente que todos los franceses o los habitantes de Alberta «eran» racistas, sino de evocar un clima, un aire que en general resultaba nauseabundo, porque era particularmente propicio a las connotaciones racistas. Nunca se sabe dónde nacerán las manifestaciones ni mediante qué prácticas serán trivializadas. Esta posibilidad latente afecta a un gran número de personas, de una forma u otra, en mayor o menor medida.

Para Rachida Azdouz, la definición actual de «racismo sistémico» como simple consecuencia de un sistema tiene el inconveniente de eliminar las responsabilidades individuales y de convertirlo todo en un engranaje integrado y unilateral;[5]

presentarlo también como opción fruto de una elección individual permite evitar este escollo.

Concienciarse del fenómeno como —ante todo— hecho social es mostrarse sensible a los climas, a los ambientes, a situaciones posibles y a sus manifestaciones concretas en contextos varios, cuyo control escapa a los interesados. Se trata de fenómenos en los que «es probable que todos seamos víctimas o portadores de prejuicios inconscientes».[6] Muchos de nosotros tenemos que hacer un doloroso examen de conciencia.

Voy en un autobús y tengo la opción de ser racista. Estoy en un edificio de apartamentos y tengo la opción de ser racista. Estoy en la oficina, en un ambiente universitario, en una cafetería y tengo la opción de ser racista. Puede aplicarse a la islamofobia o al antisemitismo. Puede aplicarse al sexismo, a la homofobia…

Realizar este tipo de reflexión permitiría discernir las causas históricas del estado de algunas costumbres y hacer, por ejemplo, una distinción rigurosa entre racismo y xenofobia, cuyos diagnósticos remiten a enfoques específicos. Un pueblo como el francés, que conquistó y expolió naciones enteras, que las humilló, que desarrolló gracias a ellas conocimientos científicos para someterlas mejor espiritual y mentalmente, para finalmente tolerarlas en casa cuando le faltaban brazos para llevar a cabo las tareas más viles…, tendrá tendencia al racismo. He aquí la jerarquía de «razas» de la que hablamos, y los buenos blancos se colocan de mil amores en la cima de la pirámide. Un pueblo como el de Quebec, que se considera parcialmente liberado de un régimen dominante y que lucha por dotarse de las estructuras incondicionales que le demuestren que pertenece al mundo, sobre todo después de haber liquidado sus organizaciones tradicionales, parece mostrarse acomplejado ante la gente que va allí con tradiciones centenarias que lo reducen, aparentemente, a nada. Un plato de *poutine,* Halloween y La Bolduc, de repente, no valen mucho en comparación con los tayines, el Ramadán y el Corán, y con quejas y afectación intentamos superar el complejo. El «otro» se vuelve entonces indeseable porque esta vez lo vemos superior en una jerarquía imaginaria.

Pero fueron necesarios discursos, peticiones, declaraciones seguidas de nuevos insultos, manifestaciones reprimidas con sangre y actos de desobediencia civil para mostrar la realidad abusiva y fascista de discursos a menudo brutales, pero igualmente insidiosos. Esto último es lo más complejo. En medio del racismo cotidiano, de las microagresiones, del favoritismo de poca monta, de los chistes maliciosos, ¿cómo podemos establecer los criterios adecuados de denuncia si no queremos que se nos cuente entre los moralistas y los lanzadores de las primeras piedras? El dominador se siente tan cómodo en el régimen establecido que ya ni siquiera repara en que es él quien manda. Ahora bien, asimilar conductas y llevarlas al inconsciente equivale a desposeer a los sujetos de autonomía mental. Lo que abre la puerta a muchos abusos: ¿hasta dónde pueden llegar los detractores sin cuartel en este proceso de psicoanálisis antes de que se convierta en algo salvaje? ¿Con qué enfoque riguroso podemos pretender hacer una lectura transparente del inconsciente de los demás? ¿Hasta dónde deberíamos invertir esta dimensión para encontrar explicaciones? ¿Qué diálogo es todavía posible cuando postulamos la absoluta ignorancia del otro y basamos el juicio en cómo se comporta? ¿Cómo podemos, al proceder de esta manera, evitar provocar reacciones violentas, contraataques y que aumente la violencia?

Quienes buscan mantenerse íntegros en este ambiente adverso deben demostrar una extraordinaria ética quirúrgica, mucho más exigente que el posicionamiento de quienes se contentan con «no ser personalmente racistas».

Sucede que el postulado de este sistema racista incluye un equívoco: la posible confusión entre los epítetos «sistémico» y «sistemático», que no significan lo mismo en absoluto. Si el racismo depende de un sistema cultural basado en significados, no implica necesariamente un procedimiento sistemático, en el sentido axiológico, en el que cada acontecimiento tendría inevitablemente las mismas implicaciones y respondería ante los mismos criterios, de forma que luego podríamos tratarlos sistemáticamente de la misma manera. Ver así las cosas conduciría a no tener en cuenta las circunstancias y a hacer que el discurso denunciante se erigiera en doctrina absoluta, en imitación luego del discurso que critica. Sería, pues, a su vez, ideológico, y el antirracismo se convertiría del mismo modo en un criterio analítico absoluto: todos los blancos serían, por deducción, racistas en sus acciones y en lo más íntimo de sus pensamientos.

Estos juegos hacen las delicias de los agitadores de la extrema derecha. En los mítines o en los platós se les oye gritar de dos maneras: parten de acusaciones de racismo formuladas según el postulado sistemático, o exageran la cuestión para suponer que esa es la posición de sus contrarios; luego, explotan la debilidad teórica de estos discursos —pues muy a menudo la naturaleza abiertamente racista de ciertas situaciones es críptica o evanescente—; entonces cuestionan completamente la noción de «racismo sistémico» y la convierten en un engaño discursivo. Por último, lógicamente, defenderán el viejo *statu quo* paternalista y colonialista, es decir, el ambiente en que vivimos, el aire que respiramos.

LA IZQUIERDA CANÍBAL

La teoría de la «interseccionalidad» es controvertida. Para la derecha, representa un ataque contra la libertad, un aparato dictatorial a gran escala, una hegemonía racista antiblanca, una amenaza incluso a axiomas como 2+2=4... La agitan incluso en la Sorbona como se agita un pañuelo para excitar a la multitud, no sin antes ceder a la crispación y al pánico.[7] En la izquierda, Kimberlé Crenshaw, que la promovió por primera vez hace unos treinta años en Estados Unidos, ahora lamenta que se esté convirtiendo en una «política de la identidad con esteroides» con la intención de «convertir a los hombres blancos en nuevos parias».[8]

Sin embargo, si bien se mira, el entramado descriptivo que forma en relación con las injusticias sistémicas nos permite señalar qué estructura la acción y la expresión social de los sujetos: el sexo, la etnicidad, la orientación sexual, el idioma, el acento, el estatus social, la edad... Evidentemente, una mujer negra, lesbiana, que exhiba símbolos religiosos y hable con acento tendrá más dificultades para triunfar socialmente que los representantes de las categorías dominantes. Los campos de aplicación son muchos: vida profesional diaria, relaciones con las instituciones, relaciones interpersonales, búsqueda de alojamiento, etcétera. Enfocarlo así nos invita a considerar la localización histórica y social de la subjetividad como una variable irreductible. Ser blanco o negro, hombre o mujer, joven o viejo, rico o pobre, graduado o tránsfuga de clase, angloparlante o bereber... importa. Se trata, por tanto, de trabajar para reequilibrar los sujetos en el seno de la ciudadanía.

En principio, la movilización de este sistema crítico no funciona sin una seria consideración de las situaciones y circunstancias a las que se aplica. En sus artículos fundacionales sobre este enfoque, Crenshaw enmarca el problema en el campo del trabajo social,[9] o en el del derecho.[10]

El enfoque interseccional se ha consolidado metodológicamente como la razón práctica de los profesionales de la intervención social. ¿Cómo podemos entonces pensar en participar en todos los aspectos de la vida social sin estas variables, inicialmente desarrolladas por la activista e intelectual negra Anna Julia Cooper a principios del siglo xx?[11] Sobre todo porque, además, las principales teorías sociales ofrecían poco apoyo heurístico en este campo. Por el contrario, entender todo esto equivale a dar fe del poco interés que había por abordar la interseccionalidad sin una relación intrínseca con el marco específico de las intervenciones. Liberar esta teoría del imperativo de la intervención habría sido, a ojos de los profesionales, elevar el pensamiento al nivel de las generalidades. Es precisamente lo que critican hoy quienes, en el trabajo social, se preocupan por el futuro ideológico del *organon* interseccional y de la celosa aplicación del mismo.[12]

El movimiento interseccional desbordó el campo de acción y se apoderó, políticamente, de los movimientos progresistas tradicionales —grupos revolucionarios marxistas, partidos socialdemócratas, sindicatos, etcétera— cuando quedó claro, y calificado de inaceptable, que las formas patriarcales y coloniales de dominación contra las que había que luchar se reconocían también en estas estructuras. En la izquierda, los hombres blancos, relativamente mayores y con estudios ya no tenían que hacerse automáticamente con el capital simbólico en juego en las organizaciones en lucha, mientras que las mujeres, o los extranjeros, todavía fregaban suelos y realizaban tareas serviles, cuando no estaban simplemente marginados. Por no hablar de los sórdidos abusos morales a los que seguían expuestas las mujeres.

La corriente interseccional extendió después la crítica a diferentes luchas sociales y morales en la década de los ochenta. Las mujeres negras que lucharon por tener voz en el feminismo de la segunda ola contribuyeron a definir esta problemática, aunque fueran negras, así como la lucha por la emancipación de los negros, aunque fueran mujeres.

Decirlo, denunciarlo, equivalía a hacer más complejas las prácticas y las exigencias de la militancia (que no era solo de tradición socialista) y a abrir y modificar la forma de ver esta última. Pero gradualmente, más que abrir puntos de vista y permitir ramificaciones, la reflexión provocó una explosión. A aquellas preguntas se han añadido nuevas causas, particularmente en torno a la orientación sexual. El movimiento LGBTQ2+, que ha utilizado la teoría interseccional, no se parece en nada a un partido homogéneo que habla al unísono, como lo habría querido el activismo organizado de los siglos XIX y XX. Podemos ver en él la abigarrada coalición de todas las subjetividades que se consideran excluidas de los baremos asentados desde hace mucho tiempo en Occidente. Esto provoca enfrentamientos dentro de los diferentes grupos: las feministas cuestionan, por ejemplo, que las personas transexuales tengan acceso a servicios reservados a las mujeres.[13]

Extender el acrónimo hasta LGBTQQI2SAA da lugar a una sigla que, para no olvidar a nadie, suma tantos referentes que acaba por alejarse de sí misma. Rompe con lo genérico, pero intenta ocupar su lugar, lo que demuestra que es muy difícil prescindir de él, aunque ahora tenga que afirmarse mediante una simple acumulación empírica de casos particulares. Pretendemos haber encontrado una norma que vaya más allá de esta aspiración y la lleve a una representación global, en lo que no es otra cosa que la suma de reivindicaciones específicas. Inicialmente, se trataba de hacer más concretas las representaciones que se creían demasiado abstractas de la unidad de la subjetividad: la persona, el hombre, el proletario, etcétera. Pero a fuerza de fragmentación y dispersión, la realidad, lejos de volverse más tangible, parece desmoronarse y perderse entre los dedos como la arena.

Cuando se acaba lo genérico, comienza a romperse un cierto principio de razón. Sin nada que resista al discurso en su estructura interna, la palabra puede galopar en un campo infinito de posibilidades de tipo existencialista. Los firmantes de un trabajo colectivo sobre la cuestión son los primeros en precisar que los defensores de este enfoque no se consideran parte de un «bloque», porque no todos van de la mano por el camino de la solidaridad. No comparten la forma de relacionarse con la islamofobia, la homofobia y el proletariado, por ejemplo. Hay casos en los que es posible luchar por los derechos de los homosexuales y ser hostil a la inmigración musulmana, al mismo tiempo que se odia a los pobres declarándolos absolutamente responsables de necesitar asistencia social.[14] De ahí las disputas internas que caracterizan fundamentalmente tales coaliciones, más nominal que socialmente efectivas.

Esto contribuye a la apertura de abismos. Sobre todo porque la vulgata interseccional se adquiere fácilmente, al carecer de líneas maestras teóricas. Son muchos los que se sienten investidos de poder crítico por el mero hecho de haber adquirido las claves de la interpretación interseccional: «género», «raza», edad, orientación sexual nos capacitan inmediatamente para comprender sociológicamente el mundo y dominarlo. Basta con mirar a través de este prisma y reemplazar el pensamiento complejo con algunos atributos fundamentales: hombre, blanco, de cierta edad…; no será necesario pensar, no será necesario indagar más sobre las situaciones, no será necesario averiguar ni evaluar más. «Es algo sabido». Como estos criterios se basan en regímenes de dominación ancestrales que ya no engañan a nadie, hay quienes detectan en ellos una naturaleza específica que surge de estos sujetos arquetípicos. Hombre blanco, occidental, pelo ya cano, dígase heteronormativo o con estudios, se imponen entonces en el discurso como determinismos. Por definición, nada se les escapa, todo lo saben. Y los miembros de las categorías citadas siguen encerrados en una serie de definiciones esenciales.

Se tornó inevitable que tales enfoques acumulativos dañaran las tendencias tradicionales que fue necesario abrir para acoger una serie de tendencias heterogéneas. Exigir a un movimiento marxista o socialdemócrata que abrazase todas las causas potenciales, so pena de decepcionar fundamentalmente, no podía sino convertirlo en el foro donde se enfrentan todas las particularidades, sin saber cómo colocarse de manera conveniente en un mundo lleno de caminos que se cruzan.

Una llave maestra privilegiada

El fenómeno se agravó. Apareció entonces una noción muy problemática, porque fue tergiversada: la de «privilegio».

Este término y el muy difundido epíteto «privilegiados» acabaron, en las conciencias, con conquistas sociales por las que las clases sociales sojuzgadas lucharon duramente en otro tiempo. Se vuelven ahora contra aquellos, e incluso hacen que se sienta culpable cualquier persona de clase media que se encuentre en condiciones de ejercer sus pequeñas prerrogativas. Hacer teatro, enseñar en el ámbito que se ha elegido por vocación, ocupar un puesto en una administración, hacerlo en condiciones a poder ser dignas... hay quien ya no lo considera un derecho o simples comportamientos cívicos propios de nuestras sociedades. Las personas que provienen de las clases sociales que se movilizaron, y a veces literalmente lucharon para obtener esos derechos, ahora los consideran «privilegios» que deberíamos avergonzarnos de conservar y por cuyo disfrute deberíamos disculparnos.

Para la escritora Tania de Montaigne, «el problema de analizar el privilegio de los blancos tal como se considera actualmente es que, de hecho, deducimos que los blancos tienen derechos porque son blancos y, por tanto, tendremos que inventar nuevos derechos para los negros porque son especiales. Hay que partir de esta diferencia». Y esto se debe a que confundimos la privación del acceso a derechos universales con la noción de privilegio. Esta confusión puede incluso ser una oportunidad para que una persona blanca que se declara privilegiada se ubique precisamente en la cima de la jerarquía social que denuncia, para arrogarse el poder de ayudar a otros a ascender en la escala y llegar hasta donde ella está.[15]

Ahora bien, nos asombramos no poco al ver que estas conquistas sociales se presentan como privilegios cuando, por el contrario, se viven precariamente. Artistas varones blancos, siempre faltos de dinero hasta el punto de tener que malvender continuamente su talento a agencias de publicidad o dedicarse a trabajos estrictamente de subsistencia, acabarán humillados si se presentan como «privilegiados» porque tienen más fácil subirse al escenario que otros grupos sociales relegados a la condición de minorías (mujeres, negros, musulmanes, lesbianas, etcétera). El hecho, por supuesto, es demostrable sociológicamente y sigue siendo un problema importante, tal como lo evidencia, por ejemplo, un movimiento feminista que señaló el poco espacio que se deja a las mujeres en el teatro.[16] Pero ¿deberíamos mezclarlo todo? ¿Convierte esto a aquellos que intentan fatigosamente ganarse la vida en defensores de un privilegio injusto? Sucede lo mismo con la enseñanza: ¡qué cosa más odiosa se ha vuelto prodigar teorías que uno ha aprendido en los pupitres de la escuela, y a las que debemos una supuesta «ascensión social» que ahora se considera reprobable en sí misma![17]

En este difícil ejercicio de expiación, el corpus científico que hicimos nuestro durante mucho tiempo se convierte en una correa de transmisión destinada únicamente a la replicación profesional, y el hecho de enseñar esas obras en la universidad parece que sea un acto colonial. Un profesor que vive hoy por debajo del umbral de la pobreza y que lucha, como tantos otros, por pagar las varias decenas de miles de dólares que debe formalmente a una institución bancaria en concepto de deuda estudiantil,[18] ¿se sentirá mortificado si se cree un «privilegiado» cuando enseña las teorías de Karl Marx, Rosa Luxemburgo o Theodor Adorno a sus alumnos? ¿Cómo puede creerse que ha triunfado, especialmente en un ambiente plagado de violencia psicológica?[19]

Aparecen, entonces, nuevas preguntas, y en abundancia.

¿En qué sentido sería un privilegio injusto ejercer un trabajo vocacional en condiciones más o menos dignas? Se trata de un estado de normalidad deseable y que debería hacer que nos preguntáramos, al mismo tiempo, cómo y por qué hay grupos sociales a los que no les está permitido ejercerlo. Presentar las cosas de esta manera tiene el mérito de evitar distracciones y de hacer patente un problema con toda la gravedad que implica, sin tener que degradar innecesariamente a la gente que vive y trabaja legítimamente en sociedad.

¿Por qué ha de ser un error enseñar el corpus de la tradición occidental, si sabemos que se puede relativizar al negarle la pretensión de universalidad que tenía? Si realmente es beneficioso que África acuda en ayuda de Occidente, como indica el hermoso título de un libro de Anne-Cécile Robert, también podemos explorar el vasto conocimiento occidental sin que nos den continuamente lecciones de comportamiento. El corpus griego, el latino y el cristiano, el pensamiento moderno y la encrucijada posmoderna no son en modo alguno una amenaza, ni entran en conflicto con quienes también desean sondear el vasto conocimiento científico del mundo árabe, la ciencia política tal como puede ser concebida en el África subsahariana o la interculturalidad en América del Sur. Reducir la cultura occidental, que no se ha transmitido en efecto de manera satisfactoria, a una sola obra hegemónica y colonialista que un puñado de criterios interseccionales habría terminado por agotar muestra el grado de pequeñez del «poder» del que los autores de moda creen de repente ser depositarios. ¿Cuántos se deleitan hoy con la autoflagelación y condenan su «forma blanca de pensar» y se apresuran a arengar a sus semejantes con feroces llamadas a la contrición?

En consecuencia, el fenómeno contribuye a que se vuelva contra sí mismo el corpus de los textos emancipadores. Alain Roy, director de la revista *L'Inconvénient*, recuerda la primera obra inspirada en este *ethos* que recibió de una estudiante cuando enseñaba literatura a principios de siglo. Para ella, se trataba de incluir a Gabrielle Roy —en todos los sentidos, incluso los más contradictorios— en el bando de los dominadores, de los colonialistas y los privilegiados, incluso en escritos en los que, claramente, la novelista defendía la causa de los dominados. El trabajo se basaba explícitamente en la teoría postcolonial, que repetía mecánicamente, y por tanto tenía «la propiedad de poder funcionar de forma autónoma, independientemente del argumento. Como todos los discursos fuertemente ideológicos, este se desarrollaba de una manera predecible y predefinida, y desarrollaba una serie de fórmulas mágicas que podrían aplicarse a cualquier objeto que aparentemente se prestara a ello». El autor lista la serie de preceptos contradictorios que refuerzan esta retórica: compadecer a una víctima equivale a privarla de su capacidad de acción, pero no hacerlo equivale a ignorar su sufrimiento; así como el escarnio refleja insensibilidad, pero la empatía es una manifestación de *white guilt*, y así hasta el infinito.[20] Estas fueron sus primeras impresiones: la gran distancia que había entre el carácter autorreferencial del discurso y el objeto de estudio era facilísima de medir, bastaba con saber un poco de quién se hablaba.

La feminista Annie Cloutier desmantela con la teoría del absurdo la mal entendida noción de privilegio:

> Si un día finalmente me doctoro, será después de muchos años de esfuerzo para conseguir lo que mi sociedad considera «credibilidad». ¿Debería entonces quedarme callada porque formo parte del privilegiado 0,4% de los canadienses que poseen un título universitario de tercer ciclo?[21]

Esto se debe a que la noción de «privilegio», así entendida, permite todo tipo de deslices. El caso de Annamie Paul es elocuente. La sigilosa lideresa del Parti Vert (Partido Verde) canadiense fue la primera diputada negra de un partido con representación en el Parlamento federal. También participó en el debate público declarándose judía. Esta segunda característica va acompañada de una toma de partido por su parte —decididamente política, intelectual y libre—, a saber, el apoyo a las políticas nacionalistas y expoliadoras del Estado de Israel. Desde este punto de vista, dejó que un asesor de su cuerda torpedeara la campaña electoral de una diputada de su misma formación con el pretexto de que aquella había condenado públicamente el «régimen de *apartheid*» al que están sometidas las comunidades palestinas en los territorios ocupados; la diputada torpedeada se basaba en las numerosas resoluciones del Consejo de Seguridad de la ONU que denuncian dicho régimen. En un artículo que enumera también las demás diferencias que hay entre la señora Paul y el órgano decisor del partido, Radio-Canada planteó la hipótesis de un racismo sistémico para explicar algunos problemas de la interesada. En concreto, en relación con el sueldo, considerado exorbitante, que la señora Paul exigía al pobre Parti Vert, pues no cobraba del Parlamento, y que los mandos del partido le negaron durante mucho tiempo, un asesor de la señora Paul, Sean Yo, empleó el argumento del «racismo sistémico»: «Creo que si ella proviniera de un entorno más privilegiado, ciertos miembros del partido habrían sido más deferentes con ella».[22]

En este caso, tal afirmación es obviamente imposible de verificar y por eso permite alteraciones del significado. Se vuelve demasiado cómoda para quienes la utilizan, incluso si nos da vergüenza rechazarla. Así pues, discutirlo nos sumerge inevitablemente en razonamientos de Sísifo: ¿hasta qué punto una graduada en Princeton, letrada miembro del Colegio de Abogados y lideresa de un partido político, pagada con un sueldo varias veces superior al salario medio, sigue en el campo de los que no tienen suficientes «privilegios»? ¿Habríamos aceptado automáticamente su petición si hubiera sido un hombre blanco? Por el contrario, ¿no hay casos en los que incluso hombres blancos, licenciados en sectores que conllevan poder, como la economía, carismáticos y fundadores de organizaciones, han tenido dificultades para conseguir que sus estructuras precarias le pagaran un salario muy inferior al que exigía Annamie Paul? Un ejemplo: el de Jean-Martin Aussant como líder del partido Option Nationale en 2013.[23]

De hecho, podemos seguir suponiendo que, en todas las circunstancias, de manera insidiosa e inconsciente, la discriminación sigue potencialmente vigente. Y también latente. De ser así, si queremos ser rigurosos, ¿según qué criterios podemos argumentar que la carta del racismo fue sutilmente jugada por unos y por otros para no acabar recibiendo acusaciones gratuitas? Demasiado especulativa, la cuestión permitirá a los conservadores negar la hipótesis por «falta de pruebas» y, una vez más, invalidar el fenómeno sociológico del racismo sistémico. Siempre demasiado especulativa, permitirá, a quienes se enamoren de ella, utilizarla sin escrúpulos a su conveniencia.

¡Lo genérico!

La fragmentación y la incapacidad para manejar pensamientos genéricos terminaron por corromper el idioma. Como el genérico en francés utiliza la misma desinencia que el masculino, es fácil confundir uno y la otra, por ejemplo, utilizando el oxímoron «masculino genérico». Sin embargo, tal expresión no tiene razón de ser desde el momento que, si hay un genérico, no puede identificarse con ningún género. El lingüista André Chervel lo dice claramente:

> No solo los adjetivos «sustantivados» (lo frío y lo caliente, lo rojo y lo negro, etcétera), sino todas las palabras del idioma, sin excepción, aceptan la forma masculina: *le pour et le contre, le haut et le bas, le bien et le mal, le dessus et le dessous, le moi.* [...] Por lo que hace al adverbio francés, también habría que establecer el lugar exacto del masculino, como por ejemplo en el uso muy generalizado de adjetivos masculinos en las expresiones *taper fort, marcher droit, coûter cher, voir grand, sentir mauvais, chanter juste, acheter français, manger chaud, haut les mains ou plein les poches.*[24]

Pero se entiende, de acuerdo con el lingüista, que este masculino no lo es; es más bien lo que llama el género «básico» del francés...

Las fórmulas que genera tienen una función conceptual importante; permiten abstracciones y secuencias de ideas en un nivel estrictamente reflexivo. A partir de estos signos se organizan todos los «elementos pensantes» del lenguaje. No lo masculino, sino lo genérico se fusiona con el sistema la lengua.

Recordar este detalle no nos impide tener en cuenta el hecho de que la lengua francesa se formó indiscutiblemente bajo la influencia del patriarcado, y denunciarlo adecuadamente. Si aceptamos tomar lo que llamamos «masculino» para dárselo al género básico en francés, un genérico, nos vemos obligados a recordar el aspecto patriarcal de la lengua no a través de un uso impropio del masculino, sino mediante «la ausencia del masculino». Al utilizar la forma genérica para designar a un tal que es escritor o a otro tal que es bailaor como, respectivamente «un escritor» y «un bailaor», nos encontramos reproduciendo para lo masculino, y empíricamente para los hombres, la forma genérica. Ese es el problema. Si hubiera sido inclusivo, nuestro idioma no se habría contentado con la forma femenina para distinguir una escritora de un escritor, o una bailaora de un bailaor. También habría previsto la posibilidad de un masculino empírico. Por ejemplo, podríamos imaginar escribir «un escritoro» y «un bailaoro» para designar a un escritor en particular o a un bailaor en concreto, para distinguirlos empíricamente de una escritora y de una bailaora, que tienen género femenino.

¿Por qué supone un problema? Porque al practicar lo que apresuradamente llamamos francés inclusivo, saboteamos nada menos que un régimen de escritura y de pensamiento que pertenece al modo genérico de representación, y no solo al modo empírico. Esto representa un error colectivo que nos autoinfligimos en un intento de arreglar otro error. Por ejemplo, cuando en 2013 la revista literaria *Le Libraire* se convirtió en *Les Libraires,* el cambio de nombre no consistió únicamente en pasar de singular a plural para permitir, al hacerlo, añadir el femenino al masculino, pues *«les libraires»* puede referirse tanto a una librera como a un librero. También se trataba —y esto es de lo que debemos ser conscientes— de pasar de lo genérico a lo empírico. *Le Libraire* no se refería a ningún librero o librera en particular, sino a la institución de la librería en cuanto regentada por una figura social a la que se reconoce conceptualmente como «el librero». La expresión *«les libraires»,* por el contrario, envía *de facto* al colectivo de los libreros, a su multitud, a su contingencia. Proceder de esta manera, evidentemente, no es en modo alguno un error. Corre el riesgo de serlo cuando, al hacer esta elección solo con fines inclusivos, no somos conscientes del cambio de estatus al que sometemos al referente.

Y cuando el imperativo de la inclusión nos lleva continuamente a intentar hacer encarnar, en este caso, al librero y a la librera en «las librerías», corremos el riesgo de privarnos en todo momento del registro genérico del pensamiento, que no deja de tener gran importancia.

Hay que decir que, si se escribe «el librero», será una figura por lo general masculina la que, probablemente, nos imaginemos. Lo ideal sería que nuestra lengua tuviera un genérico, es decir, «el librero», y, a nivel empírico, un masculino real flanqueando al femenino que ya conocemos: que *la libraire* acompañara, por ejemplo, a *le librairo.* El proyecto prometeico que ahora espera a quienes se dejen convencer por tal enfoque será lograr que tales modificaciones se incorporen a las costumbres...

Para superar este problema generando otros de idéntica gravedad, [en francés] en ocasiones recurrimos a un nuevo sufijo *-ixe* para marcar la voluntad de no pertenecer a ningún género. *Autrixes* y *lectrixes,* por ejemplo, mantendrán una relación específica con su *librixe.* Pero este genérico bastardo no consigue en modo alguno sustituir al antiguo, al que creemos no ver por haberlo disfrazado de masculino, porque aquel aparece desprovisto de sedimentación, de memoria, de sensibilidad. Los genéricos sin pasado ni origen no van más allá en su condición de ser puro reflejo de una actualidad militante.

En definitiva, tal vez sea el significado del morfema genérico lo que haya que revertir, en lugar de intentar alterar dolorosamente significantes rigurosamente establecidos a lo largo del tiempo, en un modo «inclusivo» que, por lo demás, no soporta aún el paso a la oralidad. De esta manera podríamos promover imágenes pluralistas a partir de formas de lo genérico.

¿Qué es un privilegio?

Volvamos a lo de antes: ¿qué es sustancialmente un «privilegio»? Un «derecho exclusivo o excepcional otorgado a un individuo o a una comunidad para hacer algo, para disfrutar de una ventaja».[25] ¿Debería sentirse «privilegiado» el profesional que hace un trabajo que le gusta? Usar el término «privilegio» en lugar de derechos adquiridos porque hay grupos sociales realmente marginados que luchan por obtener derechos y oportunidades es, cuando menos, malinterpretar el significado. Que asistamos a este tipo de errores en cierto activismo puede ser conveniente, aunque esta falsa premisa lleve a una concepción rotundamente moralista. Pero cuando los profesores universitarios abundan en este tipo de confusiones, las legitiman y las enseñan, y luego hablan y dan conferencias, la cosa se vuelve más preocupante. Y tiene consecuencias.

¿Deberíamos recordar aquí ciertos rudimentos de historia occidental, a saber, que la lucha contra los privilegios dio pie a la Revolución francesa? En primer lugar, consistió, para la clase de los campesinos, trabajadores y sirvientes, es decir, para el tercer estado aliado a cierta burguesía mercantil, en una revuelta popular contra el saqueo o la apropiación indebida de las riquezas de la nación por parte de la aristocracia. Desde el punto de vista legal, un *privilegium,* un privilegio, es una prerrogativa destinada a conceder derechos a un sujeto sobre la base de un favor excepcional que se le otorga. Un favor privado, pues: una excepción a la regla. Por ley, solo los nobles podían poseer tierras y beneficiarse directamente de un sistema feudal que aceptaba aún a los siervos de la gleba. Otros estamentos, el clero y la burguesía, también tenían poderes exclusivos. Por tanto, se entiende por privilegio un poder injusto que recibe una categoría social, identificada y formalmente reconocida, sobre una parte de la riqueza que en principio debería ser de la comunidad. Estos son los privilegios que abolieron las revoluciones modernas. La abolición de los privilegios consiste, así, en el reconocimiento público y común de los bienes que no pueden reservarse a una categoría específica. Se trata, pues, de arrancarles, por la fuerza o con la ley, lo que se han apropiado.

Un privilegio sería hoy, por ejemplo, conceder a las instituciones financieras que lo deseen el derecho a manejar dinero por un importe hasta diez veces superior al de sus fondos. Por tanto, un banco que concede una hipoteca a un cliente tiene la facultad de incluir en la cuenta fondos financieros que no posee, y que en realidad recibirá únicamente cuando ese dinero le sea «devuelto». Ninguna otra institución o individuo con, digamos, cien mil dólares en ahorros puede crear artificialmente un millón de dólares en forma de préstamo. Esto es un privilegio.

Pero el discurso de nuestros días se empantana en un callejón sin salida. Llevada al límite, la noción de «privilegio blanco» es la vida misma. Esto es lo que dice sin rodeos *The Atlantic.*[26] No correr el riesgo de ser asesinado en cualquier momento se convertiría en una discriminación positiva injusta que favorece a los blancos. Conceptualmente, como los privilegios son contra lo que los progresistas han luchado desde el Siglo de las Luces, se trataría de hacer campaña a favor de que los blancos dejen de beneficiarse de un régimen favorable y, por tanto, también estén sujetos a ejecuciones sumarias en cualquier momento, o, por extensión, que la cantidad de hombres pobres sea proporcional al número de mujeres pobres. Convertido en delirante, el discurso sobre los privilegios nos hace perder incluso el sentido que tiene luchar por cuestiones sociales.

Lawrence R. Jacobs, profesor estadounidense de ciencias políticas, ha estudiado profundamente a los blancos en el Medio Oeste de Estados Unidos —desempleados durante generaciones o proletarios pluriempleados y mal pagados— y por qué se alejan de todas las organizaciones que se presentan como «liberales» (centro izquierda): porque la izquierda urbana y cosmopolita los acusa mecánicamente de gozar de «privilegios».[27] Abandonados, a menudo sucumben ante la retórica de la extrema derecha.

¿«QUIÉN» HACER?

Visto el estado de la cultura, estaba previsto que la cuestión del «quién» acabase por dominar inevitablemente la del «qué»; es decir, «quién habla» cuenta más que lo que se dice, lo que además se vuelve paradójicamente intercambiable y estereotipado. Gastamos más tiempo en justificar por qué decidimos hablar, y en defender que se pueda hablar, del que empleamos para asegurarnos de que tenemos algo que decir.

Esta disposición mental no es tan reciente en la izquierda como podría pensarse. El historiador inglés Tony Judt no dejó de sorprenderse por la levedad del discurso de la izquierda en Francia respecto a sus reivindicaciones y ambiciones prácticas.

> ¿Quién tiene derecho a gobernar y en qué condiciones? Merece la pena recordar que desde Saint-Just hasta Léon Blum, la izquierda siempre ha estado más interesada en las razones que una persona o un partido podía invocar para ser portador de autoridad que en los fines para los que podría servir.[28]

A caballo entre los siglos XX y XXI, para un comunista como Jean-Claude Gayssot, originalmente un simple electricista, era importante aspirar al cargo de ministro de Transportes, aunque como tal tuviera que proceder a la privatización de Air France o hacer campaña para que siguiera en activo el Concorde, un avión de clase alta como no ha habido otro. O, antes, que Pierre Bérégovoy exhibiera sus orígenes obreros para escalar posiciones en la política, aunque lo hizo para llevar a cabo luego, como ministro de Economía, políticas liberales completamente favorables al gran capital. Además, contribuyó a llevar a la población argelina a una espiral de deuda que beneficiaba notoriamente a una oligarquía corrupta, al tiempo que autorizaba a las empresas francesas a comerciar con el régimen del *apartheid* sudafricano...[29] Para la izquierda francesa, que llegara al poder en la República burguesa quien no era burgués pudo, a veces, resultar un fin en sí mismo.

El desarrollo de teorías interseccionales adoptadas por grandes organizaciones públicas y privadas ha favorecido este fenómeno de perversión de la crítica social.

La profesora Catherine Liu lamenta en su libro *Virtue Hoarders* que la categoría social de los ejecutivos, antes llamados «trabajadores de traje y corbata», olvide ahora su evidente afiliación al proletariado y solo se identifique con los intereses de la oligarquía financiera e industrial. Estos empleados, que componen la clase media alta, fantasean con vivir de rentas. Para distinguirse de los trabajadores, de los desempleados y de los miembros menos preparados de la sociedad, la clase media rica ha desarrollado el gusto por el consumo y, al mismo tiempo, un gusto sutil por las virtudes morales teñidas de sociología. En este ambiente, opina Liu, las diferentes estratificaciones sociales desglosadas por razón de sexo, de orientación sexual, de edad y etnia han ocupado un lugar preeminente en las conciencias y han dejado en segundo plano la apuesta estructural y mayoritaria de la lucha de clases. Los ejecutivos, como categoría social, han eliminado la sociología heredada del movimiento marxista al priorizar «el término "interseccional", burocrático y mortífero, para adaptar su política a la crítica materialista».[30] Esta clase profesional y directiva —los ejecutivos— «simplemente no quiere ser desenmascarada, que salgan a la luz su identidad o sus intereses de clase».[31] El moralismo que la caracteriza se revela como taparrabos de su conciencia social: la que le permite justificar el haberse alejado de las clases populares sin verse obligada explícitamente a secundar los intereses de los más poderosos, con los que, sin embargo, ha identificado efectivamente sus intereses. De esta manera, la izquierda institucional, cuya élite proviene en gran medida de esta clase, ha dejado la crítica de este tipo de moralismo en manos de la derecha popular o fascista, con lo que ha conseguido eliminar las cuestiones relacionadas con las clases sociales y la lucha por la justicia social del mapa parlamentario.

La socióloga Eva Illouz ofrece un buen ejemplo de la eliminación de la que hablamos cuando se alegra de la supuesta influencia del feminismo en las teorías gerenciales que las grandes empresas desarrollan desde hace cien años. A las mujeres se les debería reconocer la teoría de la comunicación, el derecho de los empleados a opinar, la escucha activa como modelo de funcionamiento y la psicología corporativa dispuesta a convertirse en base de una cultura común. De hecho, este arsenal de prácticas y métodos fue desarrollado hacia 1920 en Estados Unidos por un especialista en empresas privadas, Elton Mayo, para lo que trabajó principalmente con el personal femenino de la Western Electric Company. «El principal descubrimiento de Elton Mayo fue que la productividad aumentaba cuando las relaciones laborales tenían en cuenta las emociones de los trabajadores», se felicita la socióloga,[32] aferrándose a este dicho: ¿quién mejor que las mujeres para enseñar a un hombre las virtudes de la emoción?

> En los experimentos de Mayo en la Western Electric Company, todos los sujetos eran mujeres. Sin que él se diera cuenta, los descubrimientos de Mayo estuvieron profundamente influidos por el género: en este sentido, si las feministas a menudo consideran que la masculinidad está implícitamente inserta en la mayoría de nuestras categorías culturales, los descubrimientos de Mayo demuestran innegablemente el fenómeno opuesto, es decir, la inclusión de la feminidad en categorías de carácter «universal».[33]

No hay razón para reducir el enfoque interseccional a estas lecturas únicamente. Un periódico como *Mediapart,* por el contrario, intenta integrarlas en una conciencia izquierdista con un espíritu de síntesis que tiene cierto éxito. Y una candidata de Los Verdes en las elecciones presidenciales en Francia, Sandrine Rousseau, demostró que podemos tejer cuestiones interseccionales, cuestiones sociales y la causa ecológica con habilidad y rigor, organizando la analogía de una manera que es capaz de dar significado, suscitar deseo y esperanza. Sobre todo, porque un programa social universal y un ajuste ecológico tienden, de hecho, a defender y favorecer a las mujeres y a otros grupos sociales marginados.[34]

Sin embargo, estos discursos nos recuerdan que el capital, es decir las organizaciones de las altas finanzas y de la gran industria, el corazón palpitante de quienes realmente nos dominan en nuestra época, no tiene dificultad en asimilar el discurso.

Por ejemplo, en el sector de la gestión, la empresa Lockheed Martin —el mayor vendedor de armas del planeta con una facturación de treinta y cinco mil millones de dólares— obligó a sus ejecutivos a asistir a clase para estudiar el concepto del «privilegio blanco».[35] Queremos vender armas, pero ahora sin parecer personajes interpretados por Sylvester Stallone. La reeducación consistía para ellos en expiar los pecados inconscientes propios de su condición. Para estos vendedores de cañones, se trataba de asociar su subjetividad blanca y masculina a la esencia del fascismo, del racismo, de la misoginia, y de intentar exorcizarse mediante una serie de ejercicios espirituales obligatorios. La derecha conservadora no tuvo ninguna dificultad en hacer público el plan, bastaba con describirlo presentando algunos documentos que lo justificaran.[36]

La misma lógica prevalece en el ámbito del marketing. Para mejorar su imagen, dañada por las críticas ecológicas, las compañías petroleras se complacen en una representación inclusiva de sí mismas.[37] El reclamo del *United Color,* en tiempos promovido globalmente por una marca de ropa, y ahora extendido a todas las esferas en las que hay interés por lo social, ya no aparece como un nicho específico, sino como un pasaje obligatorio que lo convierte en su caricatura.

Si prevalece un enfoque psicológico, el activismo interseccional se acomoda más al contexto de las desigualdades sociales de lo que intenta eliminarlas. Es lo que apunta Rick Fantasia en un importante artículo sobre «la izquierda caníbal».

> La noción de clase parece disociada de las dinámicas colectivas y de los conflictos que implican las relaciones de clase. Por tanto, estas parecen requerir un tratamiento mediante terapia de grupo para curar las heridas psicológicas. Además, la reciente invención de la palabra «clasismo», que copia el modelo del «racismo» y el «sexismo», se relaciona mucho más con actitudes y comentarios

despreciativos (esnobismo, menosprecio) que con la expropiación material de los trabajadores que lógicamente resulta de un orden capitalista. Por añadidura, «tender puentes» entre ricos y pobres no reducirá las desigualdades.[38]

Sé rico, pero al menos respeta mis atributos de pobre, parece limitarse a decir este a aquel, según el enfoque de Fantasia. La lucha de clases ya no responde al llamamiento a la unidad del *Manifiesto* de Marx y Engels. Refracta las luchas comunidad por comunidad en una división que evidentemente permite a los más poderosos reinar mejor, y hasta disfrazarse de crítica a los «privilegios» de la «mayoría dominante». Incluso la historia social se reescribe según los criterios de la época; por ejemplo, cuando los ideólogos describen con desprecio la Revolución de las Trece Colonias como una obra de colonos esclavistas contrarios a los honrados abolicionistas británicos.[39] En el mejor de los casos, solo el mito de la igualdad de oportunidades y de la posibilidad de movilidad social parecen estar disponibles para los proletarios, y solo a nivel individual. Como si las pocas vías de escape que se le presentan a una minoría de subyugados para poder escalar algunos peldaños en la vertiginosa jerarquía social, y así liberarse aparentemente de sus condiciones de clase, redimieran la situación de todos.

La mayoría de las empresas, organizaciones e instituciones asimilan hoy el discurso inclusivo sin oponerse, y como justificación de sus actividades preconizan la diversidad subjetiva de su personal y de sus representantes. Se acomodan a lo nuevo mientras no dejan de beneficiarse del saqueo sistematizado que es el régimen capitalista, y esto principalmente a costa de las mujeres, de los negros y los no cristianos en todo el mundo, pues todos ellos mayoritariamente son parte de un proletariado ferozmente explotado. Al pueblo, cuyo grito aún se oía ayer como un llamamiento a la democratización de la relación laboral, le queda contemplar el espectáculo de una izquierda fragmentada que se involucra en desmultiplicados problemas de identidades.

LA RAZÓN PURA

La crítica no puede ignorar la especificidad de las circunstancias; si no, mezclar todas las situaciones conduce a darle valor solo a la autorreferencialidad de las tesis en que se apoya. Un ejemplo: los hombres tienden a interrumpir con frecuencia a las mujeres en público, en reuniones sociales, ya sean formales o informales.[40] Es innegable: los sociólogos ofrecen datos convincentes para el caso, por ejemplo, de debates políticos debidamente regulados. La tendencia es consistente. Y hay casos concretos en que la acusación está claramente fundada, por ejemplo, cuando el ministro francés de Interior, Gérald Darmanin, reprende a una periodista que lo acorrala con sus preguntas y aquel le espeta: «Cálmese, señora, no hay razón para enfadarse»,[41] o cuando el político francés Arnaud Montebourg ignora repetidamente la presencia de una mujer en un plató, menosprecia a otra con términos ofensivos o se cree superior a ella y le da lecciones condescendientes y paternalistas.[42]

Pero la regla no es absoluta. Un hombre que interrumpe a una mujer en un día determinado a una hora determinada no necesariamente está abusando de sus prerrogativas masculinas. Un hombre que interrumpe a una mujer en un momento determinado, y lo hace sistemáticamente, tampoco está sistemáticamente inclinado a practicar el *mansplaining*. Hemos visto a personas extrovertidas y dominantes comportarse exactamente igual delante de hombres que delante de mujeres. La película *Mi cena con André* de Louis Malle [1981] es la demostración de este tipo de escenas en las que un interlocutor masculino con mucha personalidad domina a otro. Decir que abusa de su masculinidad en tales circunstancias resulta entonces incorrecto, aunque se debe señalar que generalmente le resulta más fácil a un hombre adoptar este tipo de comportamiento con los demás, aunque podamos citar numerosas excepciones gracias a mujeres con verbo fácil y autoridad intrínseca…

La cuestión se hace más compleja si el objeto social en cuestión cambia al ser analizado. Reconocer y nombrar un problema, apoyarlo, hacer campaña para que sea reconocido… conduce a transformaciones sociales que a su vez exigen un ajuste del discurso, lo que obviamente no significa que vaya a ser dejado de lado.

El riesgo de presenciar un desliz retórico es grande cuando la crítica pretende tener pureza axiológica. Reducimos entonces unas cuantas afirmaciones a elementos fundamentales de un imperativo sintético del entendimiento. Un hombre, un blanco, un anciano… tienen atributos que obligarían a la razón a considerarlos según un cierto número de parámetros. Intentamos poder obrar aquí como si se tratara de uno de los juicios sintéticos *a priori* que teorizó Immanuel Kant. Al igual que la operación 7+5, que conduce necesariamente a la observación de la equivalencia del número 12, aunque no requiere hacer la operación de manera específica para saber el resultado, la crítica contemporánea, en su dimensión purista y sistemática, supone que un hombre blanco, mayor y con estudios, será necesariamente dominante, sea cual sea su personalidad, en cualquier situación. La crítica concibe como sistemático lo que es más bien una operación estrictamente mental, necesaria solo para la mente, con independencia de las realidades sensibles, del momento en que aquella vive en las tranquilizadoras evidencias de sus certezas ideológicas personales. Además, las construcciones resultantes de esta pseudorrazón pura se aplican a los acontecimientos de la vida sensible sin considerarlos en sí mismos, como burdas anfibologías.

Jacques Grand'Maison observa que este encerrarse en la pureza del discurso conduce a un estado de abandono.

> Creemos ser todo a la vez: brújula y norte, camino y dirección a seguir. ¡Una excelente manera de encontrarte solo en el mundo y con el mundo! [...] Sin embargo, el ejercicio del juicio es lo que mejor nos enseña a distanciarnos de nosotros mismos y a abrir un horizonte de sentidos.[43]

En este estado de cosas, el dicho popular «todo es político» reduce la vida social y la encierra en miras estrechas. La consigna reúne todos los registros del entendimiento y conduce a la inquisición. Annie Cloutier escribe: «Para algunas ideólogas feministas, es justo, necesario y bueno que los ciudadanos puedan expresarse en el espacio público siempre que esto no perturbe de ninguna manera la implementación del programa político en que se basan».[44] Algunos piden debates más serenos, y se niegan a tener que elegir estúpidamente «un bando».[45]

No es de extrañar que, en este contexto intelectual, prevalezca el uso de símbolos uniformadores. Ya solo se trata de ellos, aunque eso signifique entregarse incluso a razonamientos elementales. Y el campo de acción resulta rápidamente irrisorio. Citemos a la activista que se comprometió a hacer pagar al Estado la multa impuesta a Viola Desmond, la canadiense negra que, en 1946, hizo historia al sentarse en el cine en las butacas reservadas a los blancos y recibió el castigo de las leyes segregacionistas.[46] En 2010, Canadá le pidió disculpas pública y póstumamente, y emitió un billete de 10 dólares con su imagen. Pero no era suficiente. ¡Cuando la activista supo que Desmond se había negado a pagar la infame multa y que, por tanto, todavía estaba pendiente en los archivos de la administración pública, se comprometió a resolver ella la afrenta, pero sin darse cuenta de que con ello contribuía a reconocer que la infracción existía y estaba bien fundada y debía ser pagada una deuda que no era tal! Se declara aquí una relación aberrante con la ley, como si la contravención, una vez sancionada, «debiera» ser pagada. ¡Nada de concepción elemental de la desobediencia civil, incluso cuando su ámbito de aplicación sea unánime y evidente y se considere legítima! Habría sido menos absurdo recordar la deuda pendiente como un acto de valentía que adquiere valor a medida que crece la deuda por culpa de los intereses, o exigir a las autoridades que la emitieron que la cancelaran… O mejor aún, callar y dedicarse a asuntos políticos más importantes. Porque entonces nos vemos sumidos colectivamente en el sentimentalismo tan pronto como los grandes medios de comunicación se apoderan del gesto. No, para esta activista alimentada exclusivamente de buenos sentimientos, como había una multa, era absolutamente necesario pagarla, lo que añadía insania a la insania.

Aquí encontramos todos los elementos de una cultura política que se ha regodeado en simbolismos e imágenes hasta el punto de convertirlas en un fin más que en un medio. Es el caso de iniciativas como la de derribar estatuas de John A. Macdonald y fundir monumentos que conmemoran los abusos sufridos por los pueblos indígenas.[47] Este modo de hacer carece gravemente de alcance. Nos atenemos a inútiles declaraciones sobre territorios «no cedidos», pero que no estamos dispuestos a devolver…[48] Este país que inspiró a los arquitectos sudafricanos del *apartheid* en su intento de segregar a los negros (a los que Quebec deseaba tener segregados hace tan solo dos generaciones) sigue siendo en esencia un vástago del capitalismo y del imperialismo de corte británico. Se relega esta observación al estatus de insensata en un contexto en que los fetiches son el único tema de las luchas políticas.

Llevada hasta el final, y a escala institucional, esta lógica está destinada a degenerar, como ocurrió en 2017 en el campus de la Universidad Evergreen, en el estado de Washington. La razón pura antirracista ha adquirido tal ascendiente sobre el espíritu de la gente que la dirección, el personal administrativo y el personal docente se dejaron dominar por el postulado totalizador, el del racismo constante, el de la reducción de cualquier comportamiento de los «blancos» a racismo: gesticular al hablar, permanecer en silencio, citar la racionalidad de la Ilustración… En la crisis que atormentó a esta universidad, los blancos se volvieron ontológicamente privilegiados, pero absolutamente incapaces de tomar la más mínima conciencia de ello. ¿Qué sucede cuando este postulado de la inconsciencia de la dominación yerra hasta el punto de permitir afirmar que ser blanco es ser racista siempre y en cada momento? Aquí, explícitamente, cualquier acusación, cualquiera que sea el contexto, no puede ser rechazada. La revuelta estalló en el campus el día en que los activistas convencieron a la bondadosa administración de la Universidad Evergreen de que exigieran a los blancos no aparecer en el campus durante veinticuatro horas para hacer de la universidad un «lugar seguro» *(safe space)* para los negros en ese lapso. Uno de los profesores, Bret Weinstein, al creer insoportable este tipo de segregación y tras expresar su desaprobación, también por ser judío, se negó a cumplir la orden, lo que puso patas arriba el campus. La policía municipal informó al interesado de que su vida corría peligro: en nombre del «racismo» del que daba muestras, se le vigilaban los pasos en la ciudad, se le interrumpían las clases, se le rodeaba de manera preocupante en los pasillos y no se le dejaba hablar. Cualquier intento de decir lo que pensaba fue juzgado discriminatorio y los intentos de los servicios de seguridad por sacarlo de las emboscadas se convirtieron en gestos de brutalidad policial contra los negros.

En esta historia, hay dos corrientes que luchan por arrimar el ascua a su sardina en internet. La primera, abiertamente de derechas, presta muy poca atención al racismo como hecho social y tiende a sugerir que solo hay racismo en las fabulaciones de grupos «radicalizados»; la segunda, por su parte, es un debate abierto en el que un presentador comenta entre pausas el documental, pues se interrumpe para dar voz a los que le escriben en directo.[49] En este caso, la cuestión de la identidad recupera autoridad: si se concede al profesor Weinstein que considere censurables las acusaciones de racismo a las que es sometido es exclusivamente porque es judío. Sí, es blanco, pero como también es judío, resulta difícil sospechar que sea racista como los otros blancos, que lo son siempre y en todo momento. Para un francés, para quien los líderes de la extrema derecha son una mujer y un judío, estas categorías interseccionales no son nada evidentes. En toda esta confusión opera un inquietante cruce ideológico: para apoyar su tesis, el reaccionario cita la noción del panóptico formulada por Michel Foucault, sin embargo heraldo de sus oponentes; por su parte, el progresista radical se basa en la identidad racial para fundamentar sus discursos y su toma de posiciones.

La enorme brecha que separa estas dos teorías permite un poderoso torbellino que arrastra y elimina los pensamientos circunstanciados. La razón pura degenera aquí en la ilusión de tener puramente razón, hasta el punto de no razonar en absoluto.

EL SENTIMIENTO COMO SENTI-MAESTRO

«Como persona negra, me ofendió, me estresó y me molestó el diálogo entre dos personas caucásicas sin tener en cuenta la acusación que conlleva el uso de la palabra utilizada». En un lenguaje jurídico que sugiere la noción de daño, el artista Ricardo Lamour invoca ante el *ombudsman* de Radio-Canada una razón psicológica para denunciar una emisión de la radio pública donde «una persona caucásica» parece haber «utilizado la palabra negro o *niggers*».[50]

La razón esgrimida para lanzar el razonamiento se encuentra claramente en el terreno de los afectos. Lo que siento, mi *pathos,* es ley. En términos spinozistas, se trata del «primer tipo de conocimiento», es decir, el modo más elemental de relación con un objeto externo a uno mismo, el afecto que da lugar (sin transición) a la opinión. Una persona víctima de racismo puede haber sido insultada hasta el punto de llegar a asociar una palabra con un dolor profundo; y lo que siente es el primer tipo de conocimiento. Sin embargo, este tipo de conocimiento no debería saturar la realidad de significado. No acceder a otro plano, el del conocimiento de las causas objetivas y de la cultura, es padecer incultura. Y esto no puede imponerse como norma a los demás. Si el primer tipo de conocimiento permite acceder a un nivel de conciencia espontáneo, si se estanca, genera una relación inadecuada con las cosas. El morfema al que se le priva el significado de lo que enuncia produce un malestar que acaba asimilado al morfema. La palabra se vuelve entonces consustancial al malestar que causa.

Entonces, si nos basamos en el sentimiento, no solo se permite que el objeto lleve una carga emocional que le es ajena (como cuando la palabra «negro» no se pronuncia en absoluto como insulto), sino que también autoriza la falsificación de la realidad fáctica. Así, a propósito del citado programa de radio, Ricardo Lamour, basado en la carga emocional, afirma que un locutor «pronuncia la palabra *nigger* repetidamente, sin preocuparse por lo que provoca en los negros que oyen el programa». Radio-Canada no tuvo dificultad para refutar los puntos de esta acusación: el término se utilizó para anunciar el tema de una sección, y fue presentado desde el principio como una palabra marcada, antes de ser mencionado tres veces en relación con el libro de Pierre Vallières *Nègres blancs d'Amérique* [1967] y una vez en inglés para marcar la carga específica que tiene dicha palabra cuando el libro y el título se traducen al inglés: *White Niggers of America.*[51] No se trataba de malicia.

Finalmente, de esta amalgama del sentimiento con el significante que le es ajeno surgen consecuencias prácticas, reivindicaciones e incluso imperativos. Ricardo Lamour exige que cualquier pronunciación de la palabra llame en causa a «los condenados de la tierra» para comentarla. El autor cita luego un libro de Frantz Fanon y piensa que el sintagma se refiere solo a los pueblos negros,[52] pero no al comienzo de la canción *La Internacional* ni al movimiento marxista del «negrismo» encarnado por Senghor,[53] que Fanon no deja de mencionar, pues asocia a los negros a la gran historia de la emancipación de los pueblos. Buscaríamos en vano semejante ambición emancipadora en Lamour, para quien solo la raíz identitaria puede ser tomada como argumento de autoridad.

Puesta a prueba, la razón puede claudicar. El único punto argumentativo que queda es cuantitativo: somos muchos los que vemos las cosas de esta manera; esta situación «es una verdadera fuente de malestar para muchas personas negras».

Básicamente, lo que está en juego aquí no es ningún intento de censura o una manifestación de la cultura de la cancelación —¡esos epifenómenos!—, sino la abdicación de la razón. Abiertamente y sin avergonzarse, pensar ya no sirve como criterio para el conocimiento.

No se trata de un caso aislado. En julio de 2020, una profesora de la anglófona Universidad Concordia de Montreal tuvo que disculparse por pronunciar la «palabra que empieza por ene», *nigger:* ella también tuvo la odiosa idea de atreverse a citar en clase el ahora innombrable *White Niggers of America* de Pierre Vallières. Acosada por la queja de los estudiantes, la culpable admitió públicamente haber abusado del «poder» que le otorgaban sus «privilegios» de mujer blanca y profesora.

También en el verano de 2020, una reportera de la televisión pública [canadiense], Wendy Mesley, fue suspendida por mencionar dicho libro, y no en directo, sino durante una reunión con los productores. La información se filtró. Se vio obligada a dimitir un año después.[54]

Estas son víctimas de formas de ignorancia incorporadas al sistema. Al igual que Frantz Fanon, Vallières pretendía unir y asociar los movimientos de emancipación en todo el mundo, en lugar de segregarlos. La palabra *nigger* era incluso un lugar común en aquella época, un reflejo. Cuando se publicó, en 1968, la obra incriminada se contentaba con asociar, mediante metáforas, los movimientos de emancipación de los negros en Estados Unidos y de los quebequeses en Canadá. En 1966, Vallières viajó a Nueva York para reunirse con los Panteras Negras. Se lo contó a los reclusos de la prisión de Bourdeaux [Montreal] en 1990, cuando los visitó por razón del programa de radio que Mohamed Lotfi les invitó a presentar. Tituló el libro así cuando vio señales de aprobación en los ojos de sus interlocutores afroamericanos. La expresión forjó un vínculo de solidaridad entre estos y el autor.

> [El título del libro] se me ocurrió en Nueva York en 1966. Estaba allí para estrechar relaciones con los movimientos progresistas estadounidenses y, entre otros, con los movimientos negros estadounidenses. En 1966, en Estados Unidos, Quebec era algo completamente desconocido; no se sabía qué era eso. Hablantes de francés en América del Norte... Parecía incongruente. [...] Entonces, era muy difícil explicar cuál era la condición de los quebequeses francófonos en Canadá y la diferencia entre un quebequés francófono y un canadiense inglés. A fuerza de hablar con los negros, se me ocurrió que éramos *White Niggers.* Me di cuenta de que habían empezado a comprender algo de la realidad quebequesa. Ahí es donde nació el título que utilicé después. Escribí el libro en Nueva York, en la cárcel de Nueva York.[55]

En la celda recibió un telegrama de solidaridad de Stokely Carmichael, del Student Nonviolent Coordinating Committee (SNCC), por entonces uno de los principales componentes del movimiento afroamericano que luchaba por los derechos civiles: «Nos negamos a permitir que mentiras maliciosas nos enfrenten con nuestros hermanos del Frente de Liberación de Quebec (FLQ). Os apoyaremos durante el juicio. Sus experiencias no son diferentes de las de los verdaderos patriotas en todas partes cuando se trata de enfrentarse a la tiranía».[56]

En cualquier caso, no hacía falta mucha intuición para imaginar que pudiera darse una conexión de este tipo. Se encargaron de hacerla posible las alusiones degradantes a los quebequeses que se oían entonces en Canadá. Recordemos este chiste, que es de los buenos: «¿Por qué los estadounidenses tienen a los negros y los canadienses a los quebequeses? Porque los estadounidenses pudieron elegir primero». Hay tabernas en Ontario donde se descojonaban cuando lo contaban.[57] También encontramos vínculos que acercan a los negros norteamericanos y a los habitantes de Quebec en la expresión quebequesa «Ti-Coune», que proviene de *coon,* término denigrante para designar a los negros norteamericanos.

Desde entonces, la máquina hermenéutica se ha puesto en marcha en una dirección completamente diferente. Haciéndola pasar por el molino de las ideas preconcebidas y de juicios prefabricados, no se escatimaron esfuerzos para presentar a Pierre Vallières como un autor racista; no se soportaba, ni siquiera en el título del libro, de ningún modo, que él, un blanco, pudiera ser comparado con un negro. ¡Cuánta imaginación se pone en la exégesis para conseguir algunos fines! Ciertamente, podemos criticar la ocasión perdida para haberse citado con la historia que tuvo Vallières, él, que presenta un Quebec condenado al ostracismo mientras toma cuerpo la cultura del bungaló, o la miseria moral que atestigua el libro, así como un tono a veces misógino,[58] pero esto no justifica los ataques…

Hay que no haber leído con honradez intelectual el libro de Vallières e ignorar partes enteras de la historia norteamericana para encontrarle significado a las denuncias basadas en el sentimiento. E incluso ignorar la historia de esta noción. Porque el sentimiento en política no es en modo alguno garantía de autenticidad profunda. Por el contrario, responde a una serie de códigos a menudo manidos que se convierten en el instrumento mediante el cual los poderosos manipulan a la gente.

Una historia muy sentida

El erudito periodista de *Mediapart* Antoine Perraud recuerda los hitos de esta historia en un pasado no muy lejano, y en un ambiente de derechas. A través del sentimiento y del antirracionalismo prevalecientes en la era catódica, en las últimas décadas del siglo XX se hizo fuerte de nuevo la extrema derecha, y hoy nos abruma. Veamos la aparición en Francia del tribuno racista Jean-Marie Le Pen, en 1984, en un programa dedicado a asuntos de interés público en horario de máxima audiencia. La racionalidad no puede hacer nada frente a los efectos del retórico tribuno. Él, al contrario, la utiliza contra quien quiere evitar la posibilidad de una unión popular de tipo nacionalista, y eso le permite dejar mal a los actores que intentan fundamentar bien un discurso.

> Cuanto más se le recuerdan los hechos al político demagogo y racista, más se refugia en un sentimiento catastrófico y fantasmagórico que intenta transmitir a los espectadores; ya que no logra arrastrar al periodista hasta su campo. Este se convierte en un obstáculo con sus preguntas cartesianas, secas y cerebrales, que parasitan la comunión bajo la égida del líder que se ha convertido en alguien, en directo, gracias al baluarte catódico. Lo que demuestra la calidad profesional del poseedor del carnet de periodista —la distancia crítica, la circunspección, la ironía de quien no se entrega— se convierte en un agravante

> a los ojos de quienes están subyugados por el programa de televisión. ¿Qué derecho tiene este inquisidor a romper el hechizo? ¿Quién se cree que es? ¿Dejará finalmente de limitar el creciente disfrute de una multitud que se hace masa y potencia al unir a todos delante de la pequeña pantalla? ¿Por qué todas estas preguntas, tan frustrantes como un *coitus interrumptus*? Esto es lo que intuye Jean-Marie Le Pen, que puede utilizar la televisión en su provecho. [...] Oponerse al demagogo es hacer que la inteligencia sea aún más sospechosa, cuestionable y humillante. Frente a nuestras mentiras, la razón se convierte en un instrumento de dominación en manos de quienes se encargan de domesticar al pueblo.[59]

Stéphanie Roza, por su parte, va a las raíces del discurso sobre la primacía del sentimiento y recuerda que los activistas contemporáneos con pretensiones revolucionarias se deben en realidad esencialmente al romanticismo de la resistencia conservadora contra la modernidad de los siglos XVIII y XIX. De aquí proviene, en política, preferir la intuición a la reflexión. A Roza también le preocupa la falta de límites de la que hacen gala las personas involucradas en luchas moralistas, y que priman el «sentimiento» y la «identidad» ante cualquier consideración sensata que pudiera resultar constringente.[60] Así pues, nos enorgullecemos de hacer campaña a favor del radicalismo social adoptando, unos, argumentos ultraliberales pertenecientes a la ideología en boga en Occidente; otros, tesis ultraconservadoras opuestas a los activistas de la Ilustración; y los terceros, trillados devaneos del Romanticismo irracional y del tradicionalismo inamovible que fueron la base de los nacionalismos del siglo XX.

Aunque las motivaciones de la izquierda «identitaria» y de la derecha racista son heterogéneas, la abdicación izquierdista de la razón en favor de la verdad del sentimiento tiene orígenes semejantes. En última instancia, el sentimiento lo justifica todo, y conduce a la violencia. El caso de la profesora temporal y *a forfait* Verushka Lieutenant-Duval es elocuente. Acusada por algunos estudiantes (hombres y mujeres) de uno de sus cursos en la Universidad de Ottawa, en otoño de 2020, de haber utilizado la palabra «negro», aunque lo hiciera respetuosamente y en el contexto estrictamente descriptivo de un fenómeno social en Estados Unidos, las autoridades de la institución organizaron contra ella casi un linchamiento. No solo tuvo que disculparse —lo que rápidamente hizo, consternando a varios de sus colegas— sino que fue despedida para siempre y expulsada de la universidad. Se permitió todo para atacarla, hasta la divulgación de su número de teléfono y su dirección personal,[61] en lo que parecía (en términos apenas velados) una incitación al odio. Los colegas que tuvieron el abominable valor de apoyar a la profesora sufrieron la misma venganza. El filósofo Charles Le Blanc, por ejemplo, se enfrentó a amenazas en las redes sociales, y acabó marginado: retirada y eliminación de todos los libros que escribió y cancelación de su doctorado.[62]

La posición de los estudiantes: un blanco no tiene derecho a decir la palabra «negro», cualesquiera que sean las circunstancias. La palabra, de hecho, ni siquiera la palabra, el sonido, el simple fonema, hiere, nadie debe ignorar esta ofensa; son cosas que ni siquiera necesitan ser explicadas.

Entre los griegos clásicos, *logos* designaba tanto el lenguaje como el pensamiento. Sin embargo, para el uso que nuestros contemporáneos hacen de los términos y los argumentos, sea como simples instrumentos de lucha o movilizados en controversias que casi llevan a la guerra civil, el lenguaje es reciclable a voluntad, maleable hasta el punto de abarcar simultáneamente todas las causas circunstanciales que lo convierten en una simple herramienta. Como si en él ni la memoria ni ninguna fuerza autónoma pudieran mantenerse. Empobrecido, el lenguaje es útil a cualquier tipo de violencia. Esto nos hace echar de menos un estado mínimo de trascendencia según el cual se creaba un principio racional que iba más allá de nuestra capacidad de ver y hablar espontáneamente, y al que siempre era apropiado tratar de ajustar el discurso.

LA MEDIANÍA

A falta de nociones comunes, los cimientos de la política se hunden hoy en la intensa emoción que por culpa de las conmociones experimentan las almas desprotegidas en que nos hemos convertido, huérfanas de formas referenciales de intercambio y deliberación.

Entre los progresistas, el sentimiento se manifiesta al leer, con una frase o una imagen, con un símbolo o una palabra que generará afectos que, diremos, nos han atrapado. «Sentirse» atacado o despreciado basta entonces para dar pie a una afirmación, a una acción, a una actuación pretendidamente política. Entre los conservadores y los xenófobos, el sentimiento se manifestará de manera igualmente convincente: la nacionalidad, la pertenencia a una civilización, el vínculo con una herencia histórica se vivirán como pruebas que justificarán todos los ataques contra los «otros», los que no sienten o tienen todo eso. Abundan en estos los excesos verbales y la mitificación histórica para darle *a posteriori* al sentimiento una apariencia de justificación. En el término medio, o centro, el sentimiento se argumenta en forma de supuesta salud mental, de normalidad y sentido común.

El «sentido común» es la sensación de que nuestra manera de pensar y de actuar está en el bando de la precisión, no tanto por la capacidad de análisis como por la impresión que tenemos de estar siempre «donde tenemos que estar». Abundan las expresiones tautológicas para apuntalar la posición del centrista: «así es y así está bien» o «así es como debe ser».

Sin embargo, la vívida sensación que nos provoca lo que pasa en la sociedad está lejos de ser una base válida para fundar la ética y la política. Para establecer una concepción fructífera de la organización social, este dejarse llevar por la sensación representa más bien el momento histórico de una regresión. Porque presupone un mundo en que la razón está subordinada al *pathos,* cosa contraria al fundamento elemental de la ética.

La ética de Aristóteles intenta alejarnos de este peligro:[63] el fin superior de nuestros actos, el garante de la felicidad, consiste en llevar a cabo actos conformes a la virtud. Para lograrlo, es importante saber qué es lo virtuoso. La ética consiste en perfeccionar la conducta según un principio de ponderación, tanto mediante el aprendizaje racional como mediante la puesta en acción, que es lo que llamamos costumbres. ¿Por qué? Porque no vemos una oposición diametral entre lo que llamamos virtud y lo que consideramos vicio. Toda virtud puede decaer ya sea por defecto o por exceso. En lo que respecta a los afectos, por ejemplo, experimentar demasiado dolor, o experimentar muy poco, conduce al desequilibrio. Por tanto, la virtud consiste, dice Aristóteles, en la búsqueda de una calibración justa de la relación que mantenemos con los placeres y los dolores. Buscar un justo equilibrio: no te des demasiado a los placeres superficiales (conoce el equilibrio, la templanza, la moderación), pero no reniegues de ellos por completo (no te vuelvas estéril).

El enfoque se vuelve más complejo cuando entendemos que debemos juzgar el carácter virtuoso o vil de una acción no tanto por sí misma, o por su relación con el castigo, sino con respecto a la pertinencia de los fines. ¿Por qué nos movilizamos como lo hacemos?

Así, si ser capaz de tener coraje es una virtud respecto a los fines sensibles (el caso de ayudar a una persona en peligro), la falta de valor nos vuelve pusilánimes y cobardes; mostrar demasiado nos vuelve imprudentes o, cuando los fines son inútiles, nos vuelve cabezas locas. La falta de ejercicio físico, por ejemplo, conduce a la atrofia, pero si sobrepasamos nuestras capacidades físicas por el exceso de ejercicio, corremos el riesgo de agotarnos. Mostrar muy poca virtud lleva a que algo se corrompa hasta el punto de necesitar otro nombre, de no poder llamarse virtud. La obesidad mórbida puede, en determinadas circunstancias, ser el nombre justo para describir una falta excesiva de actividad; por su parte, el envejecimiento prematuro de los tejidos y los músculos que hace de los deportistas profesionales unos Quasimodo es sinónimo de un exceso.

> Por ejemplo, cuando tenemos las pasiones del temor, la osadía, la apetencia, la ira, la compasión, y en general el placer y el dolor, caben el más y el menos, y ninguno de los dos está bien; pero si tenemos estas pasiones cuando es debido, y por aquellas cosas o hacia las personas adecuadas, y por el motivo y la manera que se debe, entonces hay un término medio y excelente, y en ello radica precisamente la virtud.[64]

La medianía se aplica también en el ámbito de las ideas: la incapacidad de ser sensible a las cuestiones racistas, por ejemplo, consiste en pecar por defecto; ver racismo en cualquier circunstancia hace pecar por exceso.

La ética aristotélica no se acaba con estos rudimentos. Una vez recordados, abren paso a una definición de virtud que se relaciona principalmente con la famosa cuestión del sentimiento, tan querida en nuestro tiempo. Demostrar ética, para Aristóteles, es ante todo no ceder ante la pasión, y menos aún elevarla al nivel de una autoridad que todos deban aceptar, sin excepción y sin más; se trata de lo contrario, de aprender por uno mismo a reprimir el sentimiento.

La virtud tiene relación más bien con tres capacidades del alma: la producción de afectos *(pathos),* la facultad de experimentarlos y la disposición que uno tiene para tratar con ellos. Esta sencilla taxonomía nos permite identificar inmediatamente la sede de la ética, a saber, en la tercera aptitud. Las pasiones son consustanciales a la acción social y política desde el momento que buscamos comprender «su razón». ¿Dónde está el origen del malestar, del enfado o de la esperanza que siento? La ética da sus primeros pasos con la explicación de una relación que se basa precisamente en la emoción, pero que requiere el concurso de la razón.

De este modo, esta corriente filosófica se distingue de la propensión contemporánea a experimentar los afectos como si fueran la «verdad definitiva»; la relación con el afecto se invierte. Frente a determinadas evocaciones, actitudes, palabras, expresiones, recuerdos, imágenes, referencias —esto en contextos públicos como los medios de comunicación, la escuela, las reuniones profesionales, las discusiones en sociedad—, la emoción negativa, el malestar, el sentimiento, todo esto se impone hoy en nosotros como aquello en nombre de lo cual se hacen posibles algunos comportamientos: prohibición de palabras, acusaciones públicas, inclusión en listas negras, anatemas... Estas manifestaciones son definitivas y el debate se cierra inmediatamente ya que se basa en lo que Aristóteles reconoció como *pathos:* es decir, un variado y abundante conjunto de sentimientos que pueden ir desde el enfado hasta el bochorno pasando por el malestar y la vejación.

Para Aristóteles, es grave error identificar este comportamiento con la actitud ética. La virtud no va de la mano del *pathos* ni de la capacidad de experimentarlo, sino que concierne a nuestra forma de afrontarlo.

> Por ejemplo, en cuanto nos encolerizamos, nos comportamos mal si nuestra actitud es desmesurada o débil, y bien si obramos moderadamente, y lo mismo con los demás [afectos]. [...] Además, nos encolerizamos o tememos sin elección deliberada, mientras que las virtudes son una especie de elecciones o no se adquieren sin elección.[65]

Así, en este texto fundacional de la ética, el sentimiento, el *pathos,* no es en modo alguno fuente de autoridad, sino algo sobre lo que se debe ejercer autoridad, y hacerlo mediante un acto hijo de la reflexión o elección. Prevalece la idea de ponderación, que no excluye de ningún modo vivir las cuestiones que afectan a la colectividad.

Tomar en serio estas consideraciones implica esfuerzo. Lejos de prestarse a teorías definitivas y abstractas, la ética así entendida adopta fatalmente un carácter de incompetencia. La ética no promueve conocimientos predefinidos y definitivos como la aritmética, conocimiento que para aplicarlo bastaría con utilizarlo en las situaciones que lo requiriesen. «Al hablar, pues, de tales cosas y partiendo de tales premisas, hemos de contentarnos con mostrar la verdad de un modo tosco y esquemático».[66] Y estas deficiencias de la disciplina ética suponen —lástima— grandes oportunidades para abusar de ella. Porque, en última instancia, es difícil decidir dónde se encuentra la medianía, pues siempre podemos dudar de nosotros mismos; y como no hay unidad de medida que nos permita establecer una posición con exactitud, los sujetos que tienen horror al vacío y se muestran resueltamente seguros de sus derechos pueden, a la primera ocasión, llenar el espacio vacío que rodea a una reflexión con un discurso estridente y alborotado. Aristóteles lo predijo: quienes «no tienen experiencia en cosas de la vida» y se encuentran «inclinados a seguir sus pasiones» —léase sus sentimientos— «no obtendrán nada útil o provechoso de este libro». Porque «a los necios el conocimiento no les sirve de nada, como tampoco a los incontinentes».[67]

No es exagerado decir que Pierre Bayard, psicoanalista y hombre de letras contemporáneo, basa sus reflexiones sobre el «delirio» en este tipo de equívoco. En el campo de la incertidumbre sobre lo que es objetiva e indiscutiblemente cierto, se abre la puerta a una interpretación soberana capaz de crear significado a partir de elementos tomados como indicios, en detrimento de otros que se ven entonces discriminados. Para que la actividad delirante se ponga en marcha basta, en este contexto, con que tengamos ante todo una idea de lo que es válido como verdad, que lo asumamos con cierta intensidad psíquica y que luego desarrollemos, para sustentarlo, un argumento que responda a las reglas elementales de la lógica.[68] Los discursos relacionados con el delirio pueden reconocerse (a veces con dificultad) por el hecho de estar «no motivados por la necesidad de describir o comprender los hechos y sí sutilmente orientados por la solución última que el autor del delirio ha planteado como requisito previo».[69] El proceso lógico articula los elementos, muchas veces con verdadera fuerza persuasiva, para lograr este fin discursivo, en un contexto en que el fin justifica los medios. La eliminación de los elementos que perjudican la causa no es menos preocupante que otras exclusiones oficiales que se denuncian en el espacio público.

Pero si somos, como dice Aristóteles, de aquellos «cuyos afanes y acciones se ajustan a la razón»[70] más que al imperativo del sentimiento —que es mucho pedirle a los sujetos—, más que nunca en la ética debemos realizar hoy un trabajo de ajuste entre el vocabulario bruscamente propuesto en el campo de la teoría y las situaciones que esta teoría ética potencialmente denota. «A partir de un momento debemos dejar de exigir detalles precisos, solo se trata de comprender lo dado»,[71] escribe Patrice Loraux en un texto esclarecedor sobre la filosofía de Aristóteles. Detecta las cargas aporéticas que tiene el sobrio estilo del filósofo y advierte al lector: necesitarás esforzarte para ajustar a Aristóteles a las realidades del momento y que su texto no reconoce. En esto, someter a uno mismo al examen de la razón es siempre sospechar que uno corre, más o menos, el peligro de ser presa del delirio.

Por el contrario, la retórica y la pseudopolítica contemporáneas, basadas en el sentimiento, no ayudan a cumplir con el ajuste social que propone Aristóteles. Sucede que el sentimiento rompe con lo social: se impone como un sistema autorreferencial donde el sufrimiento íntimo ante una situación debe adquirir fuerza de ley. Por eso las sedicentes víctimas de momentos dolorosos suelen prestar poca atención a las intenciones de quien o quienes causaron el dolor. Se aprecia en situaciones equívocas en las que se acusa a alguien de racista: la actitud de la persona que podía enseñar un texto considerado ofensivo, o pronunciar una palabra repentinamente censurada, no cuenta absolutamente nada cuando prevalece exclusivamente la reacción que el texto o la palabra generan en uno u otro sujeto. Y esto es síntoma de una profunda perturbación social, si consideramos que esta reacción puede a su vez generar dolor en la persona a quien atribuimos la responsabilidad del acto ofensivo, en nombre de un sentimiento que hace suyo y que también podría ser legítimo. En resumen, un callejón sin salida.

El valor de la medianía está del todo ausente en aquellas afirmaciones que pertenecen al imperio de las emociones. Los eslóganes son armas arrojadizas —por ejemplo: «¡No ofendas!»— tan escuetos como perentorios. Y antiintelectuales. El criterio es único y acusatorio, y se resume en unas pocas palabras que se aplican en todas las circunstancias. Por tanto, insultar con la palabra «negro» adquiere el mismo estatus que si se intentara leer en clase *Le vieux nègre et la médaille* de Ferdinand Oyono. No hay discernimiento, pues. Entre los reaccionarios, los sentimientos se convierten en ley en cuanto alguien se siente atacado, ofendido o molestado por culpa de la orientación sexual, del modo de vestir, de la práctica religiosa, de artes y discursos que no se adaptan al modelo que es habitual y rígidamente estructurador. Estas sensaciones, de carácter psíquico, se convierten en la base de un odio que acaba erigiéndose como estandarte de movimientos políticos delirantes.

El régimen psíquico del sentimiento lleva a reducir la realidad social a una dimensión instrumental y a utilizarla según causas absolutizadas. Lo sacamos de madre al llevarlo a la mismidad radical de posiciones inamovibles. Para Aristóteles, la persona que se dice «herida» tiene una responsabilidad, y también la tiene quien de su dolor hace ley: se trata de distinguir entre el *pathos* primario que tiene la capacidad de provocar dolor y la capacidad que tenemos de disponer de esos afectos y de darles una perspectiva en un pacto cívico complejo.

No es demasiado pedir que un sujeto —reconocido por derecho propio como libre y racional— actúe de esta manera. Es algo elemental.

En otras palabras, el acto ético consiste en investigar la razón de los afectos, en el sentido de que razonar provoca inmediatamente el reconocimiento de un registro compartido, el de la inteligencia humana. ¿Por qué me ofendo con lo que identifico con mis sentimientos, más allá de las contingencias que lo explican? Cuanto más se reflexione esta cuestión en un contexto complejo y conspicuo, más podrá radicarse en un espacio social, ciertamente lleno de conflictos, pero que lo es en cuanto espacio que debe ser compartido. En esto, el sentir se opone en su dimensión social al sentimiento. Este último se articula en el nivel de los pensamientos más que en el de los afectos primarios y se da dentro de una concepción general de la coyuntura social. Se entiende como un afecto vinculado a la idea que tenemos de algo, de alguien o de una comunidad, ya que es una idea sujeta colectivamente a la evolución y al estudio.

LORE SIN FOLK-

Encontrar el punto intermedio. El filósofo Jacques Rancière sostiene en su filosofía política que el proletariado debe utilizar los pocos resortes institucionales que controla, incluso para darles la vuelta, porque ve en ellos la única forma de participar en los temas que le conciernen en el campo de la política. El ama de casa, el horticultor, el enfermero o el cartero, y dentro de estos gremios en particular las mujeres, los extranjeros, los jóvenes... difícilmente son capaces de generar socialmente puntos subjetivos de enunciación a partir de los cuales elaborar un discurso. El proletariado tiene pocos medios propios para desarrollar su *Weltanschauung,* su concepción del mundo. Para influir en el curso histórico de las cosas, todo vale: un referéndum sobre la Constitución europea, un aumento espectacular del precio de la gasolina, enfrentarse a las políticas de jubilación de los trabajadores ferroviarios. «Los pobres, en sí mismos, no son realmente pobres. Son solo el reinado de la ausencia de cualidad», es decir que «no tienen derecho a ser considerados como seres hablantes».[72] Lo mismo ocurre, desde una perspectiva social, con acontecimientos específicos: las primeras acusaciones de agresión sexual contra Harvey Weinstein, llevar al teatro las canciones de los esclavos negros interpretadas exclusivamente por blancos, el paso de un oleoducto por la tierra de los indígenas... Más allá de la pertinencia específica e innegable, las acusaciones son también una oportunidad para manifestar un discurso público general que no encuentra otra estructura de subjetivación que la de enunciarse a sí mismo. La emancipación que se produce a través de estos procesos consiste en poder salir de la clasificación de unos roles y unas funciones sociales en la que está ubicado cada cual, tanto en la práctica como en la teoría.

No podemos negar que si avanzamos en la lucha por estas causas es gracias a actos militantes agresivos.[73] Los distintos movimientos feministas y antirracistas han tenido que recorrer caminos tortuosos y áridos para conseguir llevar sus luchas a donde no se las esperaba. De este modo, el ecofeminismo es una manera de incluir a las mujeres en la ecuación ambiental cuando se supone que solo debemos ocuparnos de la cuestión climática, en una analogía de la dominación que las presenta, con razón, como las primeras víctimas de un problema que por lo demás es universal. Y, con la topografía del racismo que se traza en *La naturaleza es un campo de batalla,*[74] Razmig Keucheyan recordó que las poblaciones sometidas a discriminación racial se encuentran confinadas, instaladas y circunscritas en territorios conscientemente contaminados o sujetos a posibles desastres naturales. Sirve para recalcar que los movimientos de oposición al racismo ambiental se formaron independientemente de las organizaciones ambientales tradicionales y, a menudo, con total indiferencia por parte de estas, e incluso (a veces) llegaron a renegar activamente de su realidad sistémica. La cuestión es tanto menos visible cuanto que los resortes judiciales para enfrentarse al fenómeno están, en sus exigencias institucionales, menos adaptados a la realidad social de los grupos sometidos que a la de los miembros de la clase media rica, en su mayoría blancos.

Si el principio emancipador consiste en poder crear siempre puntos de subjetivación capaces de liberarse de representaciones ideológicas fijas, no quiere decir, sin embargo, que pueda considerarse un acto de emancipación el hecho de asignar a sujetos políticos, aunque sea en nombre de la resistencia, una etiqueta racial o sexual, como lo hacemos ahora. Para Rancière, el emblemático grito de guerra de Mayo del 68, «todos somos judíos alemanes», coreado en una manifestación que denunciaba la expulsión al otro lado del Rin del líder Daniel Cohn-Bendit por sujetos que, por supuesto, no eran ni judíos ni alemanes en su mayor parte, era una forma libre de jugar con las identidades. Plástica como es, la noción de pueblo, de ninguna manera reducible a simple demografía, pasó a expresase de manera estética. Afirmar lo que no somos, y jugar así con las formas de describirse, pretendía ser una oportunidad para liberarnos de las formas que nos confinan absolutamente.[75] Sobre todo, no se trata de creer en ello, como lo harían algunos convencidos en un registro existencialista. Se trata de utilizarlo para crear polos de descripción polémica que permitan, a los sujetos encerrados por las reglas del derecho y por un orden dominante, liberarse de ambos para generar proposiciones discursivas nuevas y singulares.

De lo contrario, si prevalece un régimen humanitario en el que todos seamos invariablemente ciudadanos del mundo sin voz y amigos pasivos de la humanidad, entramos en una «era nihilista» en la que el discurso se reformula y anquilosa y el sitio que corresponde se asigna rígidamente.

Tanto los partidarios del progreso como los del orden establecido han admitido que solo son legítimas las reivindicaciones de grupos

> concretos que se pronuncian personalmente para expresar su propia identidad. Nadie tiene ahora derecho a llamarse proletario, negro, judío o mujer si no lo es, si no lo es por naturaleza o por experiencia vital o social.[76]

Si nos centramos en el «humanismo de los derechos de la persona» y en un discurso igualitario basado en vagos derechos promovidos por una vaga «comunidad internacional», los sujetos ya no existen más que a través de los agravios que sufren. Encerrados en sus posiciones, se centran también en el acto de subjetivación que les hace tomar la palabra. «Estoy racializado» es una expresión pasiva, muy extraña, que consiste en reconocer que nos dejamos definir por las formas establecidas por un régimen, con el «nombre de la víctima absoluta que suspende esta subjetivación»[77] en lugar de permitirla. La identidad personal tiende entonces a quedar fijada por atributos que nos poseen.

Contra estas actitudes, W. T. Lhamon Jr. defiende, en *Peaux blanches, masques noirs,* el principio de un «lore» sin «folk-», de una cultura popular no vinculada a ninguna propiedad reconocida, que anuncia la muerte del folklore y de la cultura entendidas como posesión, y la idea de que los poseedores de códigos culturales puedan resultar perjudicados con los actos de «apropiación cultural». El autor llega incluso a minimizar el problema del *blackface.* Es más, el simple hecho de pintarse la cara, por ejemplo, para interpretar a un personaje de una obra de Esquilo en una representación en la Sorbona no equivale a apoyar la burla histórica que supone el *blackface.* El texto trata del supuesto desplazamiento que adoptan las influencias y las prácticas. Cosa extraña, Jacques Rancière aceptó escribir el prefacio:

> Entre las plantaciones sureñas y las ciudades comerciales e industriales del norte de Estados Unidos, entre las obras de construcción del Nuevo Mundo y los muelles y talleres del Viejo, entre los trabajadores portuarios y los marineros que viajan por el mundo, entre los jóvenes proletarios recién desembarcados de Inglaterra y los africanos transportados en barcos negreros, esclavos de los terratenientes del Sur o nuevos libertos de los barrios obreros del Norte, pero también entre las farsas de los teatros populares ingleses, el canto de los pájaros africanos y los silbidos de las locomotoras... la característica del «-lore» debe ser producto de una multiplicidad de intercambios entre lugares, condiciones, razas y reinos.[78]

Rancière apunta las semejanzas entre el discurso de la Ilustración al estilo de Jules Ferry —un discurso racista, consistente en presentar a los europeos como poseedores del conocimiento universal, capaces de educar a los pueblos primitivos— y la historia de la opresión cultural, que sigue exactamente las mismas directrices: los custodios de la cultura nos han elevado unas veces (Picasso) y otras nos han estigmatizado (el llamado arte degenerado). A este discurso bicéfalo se opone, observa, el pretender la propiedad cultural: grupos «sociales, étnicos, sexuales o de otro tipo» reivindican formas que revelan la identidad y la especificidad de las mujeres, de los negros, de los pobres... En virtud de este discurso hablamos hoy de la «apropiación» cultural.

Un mundo común, listo para ser compartido, une a los sujetos de una época, cualesquiera que sean los puntos que los separan. Se despliega «entre» estas dos posiciones, que consisten a veces en criticar la dominación, a veces en reivindicar las características de lo propio. Para los pensadores que cita Rancière, el corpus cultural de los dominantes y los dominados son inmediatamente objeto de *performances* y de «transacciones complejas» que hacen que compartan elementos comunes. Para dar importancia al patrimonio común, Lhamon habla directamente de «lore», de una herencia histórica sin el pesado prefijo «folk-». El «lore» no tiene comunidad ni pueblo, vive sin dominadores ni dominados..., es fuente de cultura compartida. Es el equivalente del *fema* griego que concibe la fábula y el poder de fabular.

> Lo que significa que lo propio es difundir y hacer que viajen las historias y los gestos, las imágenes y los signos. Difundirlos significa no solo que los conozcan en nuevos territorios, sino también hacer que los compartan grupos que pueden utilizarlos de manera diferente, o hacer de ellos un uso tomado en sí mismo como un polo opuesto.[79]

En el centro de estos intercambios, no se trata tanto de una apropiación en el sentido de posesión como en el de puesta en circulación. A propósito de la cultura del *blackface,*

> trabajadores blancos que pagan para ver a los comediantes blancos pintados de negro con carbón no yerran más que los esclavos negros *dancing for eels.* No es una cuestión de imagen, sino de gestos, no es una cuestión de posesión, sino de transacción, intercambio y circulación. Los gestos se pueden comprar y vender, pero no poseer.

La industria cultural que, en algunos espectáculos, fija el impulso a la imitación, admirada y citada por Aristóteles, plantea infinitamente más problemas que el saludable placer que nos da meternos en la piel de los otros, como dice Robert Lepage. Si el jazz que tocan los blancos proviene de la cultura negra, sépase que esta música no tiene un origen único, sino que se compone de múltiples préstamos, a veces tomados de maestros del género.

BLANCO

Otoño de 2021, un panel como tantos otros en un congreso. De repente, un intelectual afrodescendiente me reprocha alusivamente una frase que dije a propósito de mi libro *Noir Canada*. En general, se trataba de las llamadas voces «subalternas» que se enfrentan a la hegemonía. A través de un razonamiento, me hice eco de las quejas de las mujeres que sufren un enorme número de abortos en Malí por culpa del arsénico vertido negligentemente por las empresas mineras en los cursos de agua potable. Esta información se la debemos a la tenaz investigación llevada a cabo por la documentalista Camille de Vitry.[80]

Sin embargo, «estamos cansados de oír a los blancos hablar por boca de otros», tuve que oír. Y la diatriba continuaba: «Los blancos siempre hablan por los demás. Mire, en Afganistán, todo el mundo llora el destino de estas pobres mujeres con el burka, pero ¿cuándo les daremos voz? ¿Cuándo las dejaremos hablar? ¿Estamos realmente interesados en ellas?». Estuve a un paso de ser acusado de apropiarme del sufrimiento ajeno para hacer carrera en cuanto sujeto privilegiado. En el mundo de hoy, era algo asentadamente implícito.

Digamos que lo que choca no es tanto el fundamento de la afirmación, sino la falta de discernimiento al enunciarla. La impresión de que ya suena como un disco viejo. Por un lado, sí, los occidentales históricamente se han arrogado ser el centro del universo y han tenido un acceso imparable al discurso público en todo el mundo. Por otro lado, fueron también muchos los artículos en *Le Monde Diplomatique, Courrier International* o *Mediapart* que presentaron testimonios directos de mujeres afganas que explicaban cómo temían el regreso de los talibanes al poder. Ciertamente, no es representativo del periodismo en general —que en la mayoría de los casos ya no informa de nada—, pero tampoco es silencio absoluto. Estos ejemplos socavan las críticas antes mencionadas.

Continuemos. Semejante intervención es insidiosa porque va acompañada de mil y una insinuaciones: ocupáis el lugar de las mujeres malienses cuya suerte lamentáis de manera sospechosa. Si callaseis, entonces, por no se sabe qué efecto de los vasos comunicantes, serían ellas a quienes finalmente prestaríamos atención. Así pues, hazte a un lado, despeja el camino y deja hablar al interesado... Sin embargo, es notorio que estas mujeres no hablan, hablan muy poco, y difícilmente. Lo que viven las deshonra. Se necesitó mucho tacto para conseguir que las víctimas confesaran lo sufrido y aportasen información. Por tanto, ¿no podemos hablar respetuosamente de lo que les sucede y así denunciar la gravedad de la situación, la violencia sistémica de la que son responsables AngloGold Ashanti y su socio Iamgold sobre el terreno, la «negligencia culpable» del Gobierno canadiense en el asunto, etcétera...? ¿Quién se beneficiaría si yo me callara porque «estamos cansados de oír a los blancos hablar por boca de otros»?

Profundicemos. Las cosas están así: ya no se trata de hablar por personas por las que sufrimos un poco y a las que vemos sufrir mucho, sino de que solo podemos hablar de nosotros. Hablo en el lugar que me es propio y donde el discurso de los demás no llega; y lo hago para que este llegue hasta un lugar que no es el suyo. Un lugar donde lo que se dice quizás contribuya a modificar la estructura imperialista que origina sus males. Además, para destruir una odiosa situación civilizadora, «la vergüenza es una fuerza motriz de la filosofía», Gilles Deleuze *dixit.*

Por supuesto, hay algo escandaloso en constatar la dificultad que tienen ciertos sujetos, en comparación con otros, para que su voz llegue a todo el mundo. Recuerdo la lucha a propósito de *Noir Canada,* sobre todo por culpa de las páginas centrales del libro: el papel activo de las empresas mineras de Toronto en el sangriento conflicto de los Grandes Lagos africanos. Los congoleños se manifestaron periódicamente en el centro de Montreal sobre el tema sin que ningún medio informara al respecto. El libro, sin embargo, fue objeto de una persecución judicial reseñada en *Le Devoir* y *Le Monde* (pero denunciada por *La Presse* y censurada en Radio-Canada). Se habló de ello en varios círculos. Quiere decir que el autor blanco tenía derecho a cierta cobertura; los congoleños, no. Pero el libro tenía algo que ver en la movilización. Y, a fuerza de tenacidad, finalmente se hicieron oír voces africanas sobre el tema poco después de la publicación del libro: pensemos en la obra del politólogo Patrick Mbeko[81] o la del novelista Blaise Ndala.[82] ¿No tienen estos brotes algo que ver con aquello? ¿Y es un problema que a estas nuevas y saludables voces se hayan añadido también las de Martin Bellemare[83] y Philippe Ducros,[84] artistas «blancos» sensibles y luchadores contra los problemas globales? ¿Es simple «apropiación cultural», entonces?

Si no dijéramos nada de estos problemas, ¿no se nos criticaría el silencio? ¿No se convertiría entonces en sinónimo de complacencia, incluso de complicidad? ¿No se nos acusaría al menos de indiferencia hacia causas ajenas a nuestro país del norte? ¿No se nos echaría en cara que utilizamos las prestaciones sociales de nuestro mundo para lanzarlas contra el régimen que nos las garantiza? Admitamos ahora que guardamos completo silencio y nos negamos a comparecer en estos foros; entonces, se cantará sin duda la salmodia de que los intelectuales no participan, de que se encierran en las torres de marfil universitarias, entre otras letanías. Las contradicciones internas y dialécticas de este discurso centrado exclusivamente en los atributos del sujeto, dada la complacencia con la que se expresa, dan miedo.

Habiendo opinado anteriormente del asunto, me criticaron por ser un «privilegiado» que no puede entender de qué está hablando. El incrédulo que soy se traiciona a sí mismo al mostrar mi ignorancia... Este comentario me llegó cuando, compilando una bibliografía, me resigné a eliminar la *Critique de la raison nègre* de Achille Mbembe de un curso de introducción a la filosofía que estaba a punto dar. Lo hice para ahorrarme una querella y ahorrársela a la institución que me paga. ¿Quién ha ganado con el asunto?[85]

Harold Searles ve en tales acusaciones «un intento de volver loco al otro».[86] Colocan al otro al que atacan en una situación en la que, haga lo que haga, se sentirá culpable. Peor aún, se centran en detalles que tienen que ver con su honor: te crees bueno; estás orgulloso de ti mismo; me esforzaré por demostrarte que tu gran corazón no vale más que todo lo que denuncias, y te hundiré en la adversidad. Al mismo tiempo, haré todo lo posible para que no puedas salir de tu posición enunciativa, te volveré a poner siempre en la línea de salida. Voy a ordenarte que no cambies, voy a consolidar tu punto de vista, y lo presentaré como el resultado de pretensiones y estafas. Así que, ante lo imposible, tendrás que luchar y yo disfrutaré del espectáculo del «doble vínculo» *(double bind),* de esta implacable inducción paradójica.

La solidaridad, ¿por qué no?

La ética, en este sentido, debería aceptar como límite la referencia del «colonizador de izquierdas», es decir, la figura que Albert Memmi describió en *Portrait du colonisateur.* El umbral que no debe ser superado concierne precisamente al dominante que ocupa el lugar del dominado, la mayoría de las veces directamente en tierra de este último, con la convicción —su complejo de superioridad se deja ver— de tener algunas certezas sobre el modo en que el dominado puede emanciparse. Ejemplos: el enviado del Banco Mundial que llega a África Occidental para impartir formación sobre «buen gobierno» a altos funcionarios públicos,[87] o el veteromarxista que explica los rudimentos históricos del materialismo dialéctico y las virtudes mesiánicas de la organización leninista.[88]

Pero por debajo de este umbral, una persona blanca, como se suele decir, sabrá hablar de los demás sin necesitar por obligación ponerse en «el lugar de estos». Es cierto, puede ser francamente escandaloso para un ciudadano occidental, que disfruta de cierta soltura económica, hablar en público sobre la miseria del mundo, o incluso hacer una carrera lucrativa. ¿Pero no es igualmente excesivo y descabellado juzgar así cualquier crítica expresada por un sujeto que defienda la justicia social? No podemos negar la dimensión transversal que tienen los afectos en relación con el sufrimiento. Obviamente, los congoleños son quienes sufren completamente la vida violenta e injusta que les imponen los Estados imperialistas y las empresas predominantemente occidentales. Ni que decirse tiene. Es legítimo agregar que, de una manera u otra, es la humanidad quien soporta el peso de este sufrimiento, que se ve privada de las contribuciones del pueblo saqueado en asuntos relacionados con el arte, la ciencia, el pensamiento, la creatividad social y, simplemente, con lo que antes se llamó «buen comercio». ¿Qué hemos perdido colectivamente mientras, durante decenios, incluso siglos, hemos privado a todo un pueblo de las condiciones que hacen posibles sus propuestas, la vigorosa fuerza de proponer?

Las luchas por la emancipación, por ejemplo, de las mujeres, de los colonizados o de las minorías sexuales, si bien es obvio que conciernen, ante todo, a las personas íntima y directamente involucradas en estas luchas, siguen siendo relevantes a escala colectiva y, por tanto, también conciernen a sujetos que no están directamente afectados por estos problemas. El feminismo modifica la relación de los hombres con las jerarquías que los alienan. Así, una sociedad que valora la participación de las mujeres en la vida pública, científica y cultural gana en su conjunto. Todos los miembros de esta sociedad se benefician si participa la mitad femenina. El imperativo de la virilidad, de la impasibilidad y de la frialdad ata a los hombres a figuras alienantes; podrían acoger el feminismo como un modo de emancipación que también les concierne. Lo mismo ocurre con las luchas anticoloniales: llega un punto en que, con los mismos derechos, los blancos, negros, amarillos, oliváceos y rosas —¡a quién le importa!— luchan por la emancipación de los negros, la descolonización de los Estados corrompidos por las fuerzas occidentales del capitalismo y trabajan para conseguir una transformación radical de los imaginarios. Porque todos se benefician al ver que los habitantes de Puerto Príncipe y Kinshasa tienen en sus hogares condiciones materiales de vida y de libertad favorables para la creatividad. La humanidad entera sufre la alienación y el amordazamiento si hay personas a quienes se les dificulta la participación en la vida cívica.

Y entonces se nos pide que expliquemos nuestro punto subjetivo de enunciación. Algunos lo hacen hasta el punto de llenar con ello todo lo que tienen que decir. Salvo situaciones muy específicas que requieren una explicación detallada, ¿no es este el significado implícito de una firma acompañada de un título? ¿Necesitamos decir mucho más, excepto para postrarnos ante un altar ideológico? Quien habla en sí mismo no es solo uno mismo, sino un intento, que pretende humildemente llegar al pensamiento común y se dirige a los demás; sometido al pensamiento común, independientemente del sexo, la edad y el color de piel de quien lo lee. No es que no me importe el sexo, la edad o el color de piel de la persona que recibe el mensaje. Al contrario, solo cuenta esta persona. Ella es quien hará o no algo con este ensayo, esté donde esté y sea quien sea, y dirá si ha servido para algo.

LO COMÚN SIN -ISMO

Como en muchas otras cuestiones, Georges Bataille previó, a la vez que las anunciaba, las mutaciones culturales de la segunda mitad del siglo XX. Del programa surrealista que combinaba a Marx y Rimbaud —«transformar el mundo» y «cambiar la vida»—, el escritor declaró vano el primer grito de guerra, y se atuvo al segundo.

Poeta cercano a Bataille, que trabajó con él en la comunidad Acéphale, Patrick Waldberg apunta en France Culture:

> Luego vino la desafección, no pienso solo en mí, sino en la gente de mi edad, digamos. Nuestra desafección por la vida política. Habíamos estado más o menos comprometidos, digamos militantes en cierto sentido, marxistas y más gente, y luego las cosas fueron de tal forma que hubo una pérdida total de confianza y de fe en las perspectivas revolucionarias de la época. Bataille aportó algo más. Siempre pensamos, como los surrealistas de otros lugares, que las dos consignas deberían ser «transformar el mundo» y «cambiar la vida». Pues bien, Bataille se propuso olvidarse de la transformación del mundo, que no podría realizarse con nuestra ayuda, y dedicarse al segundo plan: cambiar la vida. Y ahí es donde nos propuso, a algunos de nosotros, una sociedad secreta

> con ritos iniciáticos, una sociedad cuya intención, muy pueril por supuesto —y es quizás lo que nos sedujo—, muy utópica, muy quimérica. Pensaba que esta sociedad, si lograba cuajar y desarrollarse, podría actuar un poco, digamos, como un cáncer en la sociedad circundante.[89]

Bataille intuye de manera latente el paso del «comunismo» a lo «común», el momento en que el comunismo pierde el sufijo, para quedarse en un adjetivo sustantivado tan «común» que acaba por perder el significado exacto. Para el comunismo, perder el sufijo y así reconectarse con el sentido común significa perder su terrible grandeza, la matriz organizadora que le promete a la historia, el anuncio salvador de la llegada de un orden emancipador, entregado al proletariado, y finalmente la ciencia que parece ser la modelización reticular y perfecta del comunismo.

Pasar del comunismo a lo común, para quienes han vivido la vida de partido, es volver a uno mismo, al yo existente, desnudo, aturdido, angustiado. Sin las fanfarrias del Ejército Rojo, la marcha forzada del 1 de mayo, los mitos totémicos de pioneros inaccesibles, las promesas megalómanas de un mañana anunciado, las consignas del Politburó, el reclutamiento falsamente voluntario en el Partido. Es prescindir de la palabra que Stalin pervirtió.

> La experiencia del comunismo histórico en el siglo xx [...] no tiene prácticamente nada que ver con la teoría original de Marx y de ninguna manera puede caracterizarse como su «realización» o «aplicación». Es absolutamente evidente que no podemos evitar que las polémicas ideológicas y periodísticas siembren confusión sobre este punto crucial, confusión que sirve de alimento diario a los imbéciles y a las mentes superficiales.[90]

El carácter evidentemente inepto de estas afirmaciones, que el filósofo Costanzo Preve resume así, condenaba el comunismo como expresión federativa.

De este modo, pasar del comunismo a lo común es tanto un cambio de escala como un cambio de objeto. Porque, gracias a este paso, lo que deviene común es más un territorio administrable en un área sensible que una condición universal, la del proletariado. Estas son las prestaciones gratuitas con las que cosechamos el grano, vivimos las eras en las que permitimos trillar, las habilidades artesanales que adquirimos para hacer pan gracias al horno que compartimos, el ágora que organizamos para establecer relaciones que estructuran las obligaciones en el trabajo y el derecho a los frutos que da.

Pasar del comunismo a lo común, en última instancia, es conceder la victoria al movimiento anarquista, no en el sentido de que ya no existe estructura o dirección, sino en el sentido de que se desmorona el *arjé* tradicional que se da a sí mismo un líder como guía, un organigrama jerárquico como garantía de funcionamiento y un derecho tradicional como modelización de la distribución de poderes. Las formas de organización del poder, de deliberación, de atribución de derechos y deberes pierden el registro trascendente para pasar a su vez al dominio de lo común, del que uno se apropia como de cosa compartida y discutida.

Por extenso, lo común se refiere a todo lo que no es propio o apropiable como posesión privada. «Apropiable» ya sea como posibilidad, o en el sentido de una reserva moral que observaríamos en común. El aire, el agua, la lengua vernácula, el arte de hacer pan y el derecho a cantar los estribillos de los antiguos, si así hacemos, constituyen elementos o conocimientos de los que nadie puede apropiarse y afirmar que los posee exclusivamente. Así pues, los bienes comunes conciernen a una miríada de referentes. Pueden ser materiales: huertos, campos de frutales sin vallas o tapias en los que uno va a recoger la fruta que quiere, dispositivos compartidos como hornos colectivos, fuentes de agua, vehículos comunitarios, carriles bici... También pueden ser valores intangibles: conocimientos ancestrales, prácticas culturales, patrimonio artístico... Hoy, los usuarios de herramientas informáticas también los disfrutan, gracias a los programas informáticos o documentos llamados «libres».

Pero en este conjunto de contornos vagos, lo común sin «-ismo» necesita cohesión. Corremos el riesgo de «predicar en el desierto» al evocar esta noción continuamente, advierte Christian Laval,[91] coautor de un libro emblemático sobre el tema.[92] Anglicismo mal traducido al francés, como muchos, los *commons* generan, como suele ocurrir con lo que el dialecto empresarial arroja al mundo, los preocupantes efectos de una moda pasajera. De ahí que lo común sea incluso compatible con la idea de la «gobernanza»,[93] un barbarismo ineludible que proviene del mundo de la empresa privada.[94]

Laval, tratando de desentrañar las cosas, insiste en este detalle: no puede haber nada en común si no se crea una nueva forma de institucionalización política que administre el bien en cuestión. Si esta no puede depender en modo alguno de modalidades de propiedad capitalistas y privadas, en relación con la lógica del mercado, tampoco debería depender de las formas de propiedad llamadas «públicas» dependientes de la «oligarquía» que sigue representando al Estado tradicional. Se trata, pues, de una revolución de la revolución, de una transformación radical de la forma moderna de llevar a cabo la revolución, es decir, no querer, esta vez, sustituir un régimen estatal por otro, sino cambiar el régimen por completo. Esto es: volver a transformar el mundo, pero sobre todo cambiando la vida, operando sobre las costumbres, sin el viejo programa hegemónico.

Desde un punto de vista práctico, resulta muy difícil fundar legítimamente este nuevo ámbito legislativo que no es ni estatal ni privado. Porque si se trata de basar la política indirectamente revolucionaria en las costumbres —el uso y los hábitos—, estas no pueden ser objeto de legislación alguna ni decretarse. No se regulan las costumbres como se promulga una ley; estas se maceran y se desarrollan con el tiempo, como lo hace un bien común. De lo contrario, cambiarlo presupone una ola moralista tan poderosa como violenta, con todas las repercusiones imaginables u observables hoy cuando leemos los periódicos.

El jurista francés Étienne Le Roy, especialista en los bienes comunes en África, designa con el término «juridicidad» el registro en que se inscribe este nuevo pensamiento político. Los bienes no pueden volverse comunes simplemente porque los nacionalice el Estado. El bien ya está en condiciones de ser privatizado; el siglo xx ofrece gran cantidad de ejemplos al respecto. «Hay un derecho sin normas, que desconoce el hecho de la propiedad privada», alejado del orden institucional del derecho occidental, alejado de su estructura rígidamente piramidal. Para Le Roy, como para muchos, lo común es un *ethos* liberado del misticismo revolucionario que, según él, se equivoca al prometer la «Gran Noche» en un mundo radicalmente diferente. Por el contrario, lo común se presenta como un resurgimiento de formas de funcionamiento premodernas, combinadas con estructuras hoy heredadas de la modernidad, en una posmodernidad que es una mezcla de todo.

Con la cuestión de la ecología descubrimos que debemos al mismo tiempo encontrar ciertas fórmulas de la premodernidad, controlar los efectos de la modernidad, ver lo que ha aportado la posmodernidad —considero que la posmodernidad empieza después de la Segunda Guerra Mundial— y, por tanto, lo que nos ha ofrecido y que ahora nos obliga a considerar las tres épocas al mismo tiempo. No según el principio de los opuestos que pertenecen, digamos de manera simplificada, a la vieja filosofía, sino sobre la base del principio de la complementariedad de las diferencias, que es el nuevo paradigma que se desarrolla actualmente y que para mí es la base de lo común. Por ejemplo, mis amigos senegaleses cumplen con la modernidad de oficina entre las 9 y las 17 horas; luego, a las 17:01 horas, hacen cosas tradicionales, campo y jardinería.[95]

En Francia, con este proceder ponderado, François-Xavier Verschave y François Lille han intentado, desde principios de siglo, promover los bienes públicos, en particular a través de la asociación Biens Publics à l'Échelle Mondiale. Pero el movimiento se marchitó por culpa de la falta de anclaje estructural que caracteriza a las ideas más bien confusas. En tales casos, los defensores de lo común necesitan la estructura, la lógica y los puntos de referencia que un cierto «-ismo» garantiza. ¿No es sorprendente ver hoy a Murray Bookchin, en las primeras páginas de su libro *Rehacer la sociedad,* atacar con virulencia a todos los movimientos informes de la ecología política, con las ecofeministas y los antiespecistas a la cabeza, mientras defiende una renovación política radical? El ecologista de Vermont los critica en particular por haber agotado el legado de la Ilustración. Ciertamente —reconoce, porque es evidente—, este legado recuperado y desvirtuado dio pie a las peores experiencias de la modernidad, incluida la burocracia totalitaria de tipo soviético y las tecnociencias brutalmente puestas al servicio del imperio mercantil. Pero la Ilustración también contribuyó a fomentar teorías emancipadoras, a compartir el conocimiento, ideas sobre la autonomía o la ciencia. Le dieron a la humanidad todos los «-ismos». Para Bookchin, podemos sufrir cierta consternación al comprobar que el Estado oligárquico y las grandes entidades privadas se han apropiado del legado ilustrado, no hay duda; así, ya no nos preocuparán estas marcas históricas del progreso. Peor aún, desconfiaremos de ellas. Pero para aquel, la desconfianza es culpable. Porque si se desconfía se contribuye a empeorarlo todo.

> Estas reacciones comprensibles se convierten en tendencias profundamente reaccionarias cuando las soluciones propuestas implican la desintegración de la noción de interés general de la humanidad, en favor del sexismo, la sustitución del imperativo humanista por el folklore tribal y la sociedad ecológica por un pretendido retorno a la naturaleza.[96]

Respecto a los antiespecistas en particular, Bookchin habla del discurso de la obediencia a un supuesto mandato de la naturaleza, y reconoce en él un retorno del *arjé* en la medida en que se le atribuye a la naturaleza. El «-ismo» excesivo, que habría que evitar rompiendo, por ejemplo, con el aparato burocrático de la experiencia soviética, ha regresado ahora hecho naturaleza.

¿Qué sucede con las cuestiones ecológicas que aborda Étienne Le Roy, al igual que hace el dúo Dardot-Laval? Corren el riesgo de construir la historia, de conducirnos a la revolución (prescindiendo de las decisiones humanas) al imponer un cambio de escenario que no se ha visto en millones de años. Precipitan una revolución que procura darle la vuelta a lo que ya existe,[97] sin que las fuerzas proletarias o una voluntad política soberana participen. Los nuevos vientos que el cambio climático nos trae corren el riesgo de descomponer el entramado estructural y secular que propone Le Roy, y de precipitar, al mismo tiempo, las deliberaciones asamblearias que define el tándem Dardot-Laval. No tenemos poder de decisión sobre algunos puntos de «lo común»: pertenecer al reino de los vivos, la humilde interacción con elementos no humanos con los que compartimos una gran composición. Y lo que la revolución *sui generis* de la actual catástrofe ecológica lleva dentro es el principio de la política moderna, su *hibris,* la impresión de que los humanos pueden disponer de los seres vivos, los territorios y las aguas y los tengan lo suficientemente domesticados como para mantenerlos controlados por siempre. Lo que los científicos contemplativos del siglo XVIII —y los románticos que vinieron después— alumbraron como una creatividad que emana del espíritu y de una responsabilidad que incumbe a la humanidad fue la relación global con la naturaleza, y una ética de la gestión que hacemos de ella.[98]

En el mundo de multicrisis que se anuncia tendremos la obligación de organizar lo que nos es común de una manera original. Un mundo en que la temperatura habrá aumentado 3,5 o 4 °C desde el comienzo de la era industrial,[99] que habrá visto desaparecer un millón de especies y habrá alterado de manera inédita la cadena alimentaria,[100] se verá periódicamente sumergido por maremotos o arrasado por huracanes cada vez más frecuentes, luchará contra pandemias,[101] tendrá que hacer frente a sequías increíbles o luchar contra insectos poco conocidos, este mundo —sin petróleo suficiente para satisfacer el consumo frenético, sin minerales asequibles para renovar los dispositivos electrónicos e informáticos que ensucian los vertederos improvisados—, si no cae además en la tiranía fascista de un vociferador que mantiene prietas sus filas, un mundo así se verá en la obligación (imperativa) de enfrentarse a lo poco que nos queda en común. Volveremos a vivir en áreas de ámbito regional que requieran un tipo de economía radicalmente nuevo, en un clima de urgencia y de necesidad del cual, esperemos, podrá destilarse algo que tenga sentido.

EL EXTREMO CENTRO, POR OTRO LADO

Está en boga un comportamiento fanático: destruir definitivamente a quienes se niegan a compartir la fe; aterrorizarlos, asombrarlos y, luego, propagar sus creencias por todos los medios como si en ello nos fuera cumplir con una obligación espiritual.[102] Pero para Roland Gori, este fanatismo de estilo occidental no se explica por crispaciones en nombre de lo absoluto —como las que vemos en otras regiones del mundo—, sino por el sideral vacío espiritual en que el funcionalismo jurídico y tecnocientífico hunde a los modernos.[103]

Por esta razón, la ideología del extremo centro, en la que vivimos maniatados, es extremista. Su programa promueve violentamente la desigualdad, es destructivo e imperialista; y también parece intolerante ante todo lo que no le conviene, y hace oídos sordos. El proyecto del extremo centro supone: garantizar el crecimiento empresarial y el aumento de los beneficios; garantizar el acceso a paraísos judiciales y fiscales; reducir la ecología política al marketing de la ecoimpostura; sofocar cualquier veleidad social del Estado (por ejemplo, haciendo de una crisis sanitaria un «acto de guerra» en lugar de una responsabilidad social y colectiva) y reducir al mínimo el gasto público en los sectores social y cultural. Decisiones de este tenor, independientemente del envoltorio (conservador, liberal, socioliberal, socialdemócrata...), se justificarán, gracias a los medios de comunicación propiedad de los oligarcas o controlados por los Estados, como «lo que es razonable» y conviene a la «normalidad», mientras que quienes disientan serán vistos como «irresponsables» y «locos», en una guerra de etiquetas que ellos, que son juez y parte, implementan.

El objetivo del extremo centro —una política que tiene la «mediocracia» o triunfo de los mediocres como modalidad y la gobernanza como discurso teórico— es dar carta de naturaleza al principio darwinista ultraliberal y social que hoy domina, y adaptarlo a una forma de gestionar que ni siquiera somos capaces de nombrar, de poner en duda, o de valorar. Habría que hacer desaparecer la política y promover la gestión y que, ennoblecida al devolverle el significado a la «gobernanza», se limitase a administrar bien. ¡Fuera la política que establecía, en nombre de los grandes principios, las directrices y orientaciones en cuyo nombre se debe gestionar! Es como si este tipo de principios tuviera un sentido tan obvio que se contentase con la aplicación implícita y la disipación en el espíritu de los tiempos. En Estados Unidos, el carácter intercambiable de conservadores y liberales en las principales cuestiones industriales y financieras, y en Europa los gobiernos de «coaliciones amplias» o de «apertura» como los de Alemania y Francia desde hace casi veinte años, demuestran la voluntad de mezclar corrientes ideológicas en favor de una única práctica de gobierno, la «buena», «responsable», «normal», «racional» y «razonable», la única que debería haber. En Francia, un presidente «normal» dio origen a un sucesor que amplió el centrismo político hasta convertirlo en una postura «atrapalotodo». En Quebec, triunfa la retórica del «gran sentido común».

En este estado de cosas, los mediocres toman el poder. El futuro pertenece a los estrategas del favor devuelto, a los que lamen el culo, a los listillos, a los comercializadores de clientelas electorales que se prestan al juego asegurándose de encontrar la casilla que cada cual tiene en el tablero social. El régimen promueve la estandarización de las prácticas y la intercambiabilidad de los proveedores de servicios en estructuras de producción material o inmaterial.

La «mediocracia», ciertamente, surge del imperativo del término medio, de la encarnación forzada de lo que puede ser considerado un promedio cuando se habla de prestaciones, de actos o discursos sociales; también implica la reducción de todo a un simple medio en un mundo en que los fines lo justifican todo. La medianía ya no es una simple representación abstracta, está en acto. Peor aún, aparece arbitrariamente vestida de ideología. No se trata de promedio real, como podrían establecer los sociólogos gracias a métodos complejos. La medianía de la mediocracia es un promedio ideológico, impuesto y egoísta. Hacemos trabajar a la gente o, en un régimen competitivo, hacemos que trabajen a un ritmo «medio», establecemos el orden esperado de los conocimientos según un determinado «promedio», inculcamos métodos que reflejan un corpus «medio»... pero ninguno de estos promedios es objeto de deliberación o de estudio sobre el promedio que conviene a la población en asuntos como la salud física y mental. Es más bien una cuestión de reglamentación bajo formas imperativas y autoritarias, arbitrariamente llamadas «intermedias».

En el reino de la gobernanza, en el mundo de la gestión sórdida y del marketing estupefaciente en el que vive, la «mediocracia» ha evolucionado de tal manera que los sujetos se encargan de practicar la autoestandarización. Ya sea de modo alienado, orgulloso, activo, coercitivo y vergonzoso, los sujetos han sido invitados a interiorizar lo que distingue más o menos claramente a quienes detentan el poder: objetivos, expectativas, comportamientos, tipos, actitudes, metas... El objetivo hace que la «parte interesada» o *stakeholders,* como se suelen llamar, se vean a sí mismos como sujetos activos y agentes por propia voluntad en el desarrollo del mundo que los reúne. El desafío es enorme: la oligarquía quiere librarse incluso del deber de dar órdenes, de administrar a los subordinados, quiere dejar que estos innoven en el arte de encerrarse en procesos que la beneficien. Se trata de una transferencia de responsabilidades sutil, pero importante. Parece querer decir: mataos los unos a los otros para complacernos y ganaros nuestros favores; nosotros os contemplamos (cuando nos interesa). Así, la sociedad produce una mediocridad ficticia gracias a la actividad de los subordinados, que compiten por un salario o incluso por cualquier vector en el ámbito de las asociaciones que arbitran los más poderosos. Se entiende que todo esto debe suceder en medio de un caos imparable. Lo que puede divertir incluso al más cínico.

Sin embargo, los artífices de la «mediocracia» tienen motivos para preocuparse si analizan las condiciones necesarias para mantener y renovar su sistema: el agotamiento de las energías convencionalmente explotables y el coste exorbitante de los nuevos métodos de extracción, las consecuencias (muy reales) que el calentamiento global y la extinción masiva de diferentes especies implican para el capital, el recrudecimiento de las pandemias, la presión que suponen las columnas de refugiados por motivos medioambientales, todo ello se suma a tensiones sociales internas, que hasta ahora habían sido fácilmente manejables. La tensión que observamos en las esferas del poder aparece como el penúltimo estertor antes del colapso de un sistema amenazado incluso en su modo de ser.

Frente a esto, la gobernanza consiste abiertamente en un acto de despolitización donde la gestión sustituye a la política silenciando el principio (ultraliberal y oligárquico) en nombre del cual se lleva a cabo, con la esperanza de hipostasiarse y naturalizarse por completo. Lo observamos en la sustitución de términos: los ciudadanos se convierten en *stakeholders,* la voluntad soberana del pueblo en «aceptabilidad social», las leyes en «normas», la lucha de clases en «consenso», las limitaciones sociales en «responsabilidad social corporativa»... El experto aparece en este orden como la figura que viene a *fixer* los problemas (en el sentido del anglicismo [*to fix*] que se utiliza en francés para «reparar»),[104] según la manera de trabajar que no busca las causas de los problemas, sino que parte siempre del principio de que el sistema es infalible y que lo único importante es conjuntar las piezas preestablecidas y, para que todo vuelva a funcionar, añadir los elementos que le faltan. La psicología del trabajo y lo que con demasiada frecuencia llamamos, sin una pizca de vergüenza, «recursos humanos» se han convertido en maestros en el arte de curar a personas que están hartas de no saber cómo desenvolverse en un régimen que es en sí mismo una locura.

Sí, la mediocracia favorece a los dominadores, y estos la surfean. A muchos les gusta y les va bien. El aparato productivo, las teorías de gestión, el mimetismo orquestado por el marketing son formas de aprovecharse. Pero no todas las personas mediocres son partidarias de la mediocracia y, constatada esta observación, empieza el drama. Personas mediocres a su pesar: obsesionados con el salario, vendedores de seguros inútiles a clientes que no los necesitan, vertedores con conocimiento de causa de disruptores endocrinos en los productos que elaboran, redactores de programas de televisión que saben que son humillantes... ¿Dónde termina el apoyo a estos «manipuladores de símbolos»? ¿Y por qué la ola no choca contra quienes reniegan de la mediocracia? Porque el régimen los retiene: unos tienen bocas que alimentar o una hipoteca que pagar, otros no saben cómo responder a la presión semántica y metodológica que cae sobre ellos como un torbellino, otros no encuentran en sí mismos los recursos para rechazar lo que deslumbra cuando se hace real...

¿Responder con excentricidad o preferir la medianía?

Para negarnos a la mediocracia, podemos intentar hacer lo contrario. Pero imitar lo contrario a una falsa conciencia, ¿puede conducir a algo más que a una nueva falsa conciencia? Entramos entonces en una espiral a la que precisamente nos lleva el debate público de hoy. Si uno se coloca en uno de los lados del extremo centro esperando escapar de él, deberá acampar su conciencia en los bandos de la excentricidad que, por el desafío que plantean a la razón y a las tradiciones comunes, parecerán solo el resultado de iniciativas personales y libres. La ilusión liberal de poder determinarlo todo en uno mismo y (solo) por uno mismo —la propia naturaleza, el sexo, el modo de ser, las creencias improvisadas— sustentará durante un tiempo la resistencia a un régimen ultraliberal del que, si obramos así, tomaremos prestado todo. El existencialismo de pacotilla está muy extendido; se presenta vagamente por la delgada brecha que abre el radicalismo, cuando en realidad forma parte de la hegemonía del pensamiento canónico anglosajón. El «derecho» a la disidencia justificará las libertades frente a lo que sistemáticamente reduciremos a «poderes»: incluiremos la cultura, las prácticas sociales e incluso la naturaleza. De este modo, nada debería imponerse como un detalle antropológico que nos supera y que debemos tratar de comprender. Las preguntas filosóficas fundamentales que comienzan con fórmulas redundantes como «¿qué es esto?, ¿qué es eso?», es decir, «¿qué es este qué?», plantean el problema de la referencia que busca codificar una realidad tangible y ser válida en su lugar. Es el eterno juego entre el referente y el signo, entre las palabras y las cosas. El enigmático y misterioso «qué», al que intento hacer justicia a través de la teología, el pensamiento político, la ciencia o las artes. ¿Gracias a qué tipo de mediación? La humilde pregunta «¿qué es?» y su contraparte «¿quién soy?» se agotan en el movimiento de la mediocracia. El sujeto se encuentra entonces inserto en el mundo pero en modo «excluido del mundo», y se le deja libre de afirmar perentoriamente: he decidido que este «quién» soy yo mismo; yo delibero sobre lo que es, dispongo del «qué», sea lo que sea.

La pesadilla Jean-Paul Sartre: cómo un fantasma vuelve para perseguirnos, aunque lo nombremos poco, aunque solo sea para tener el placer de exorcizarlo por segunda vez, como a la generación de filósofos que lo siguió.

La pesadilla Jacques Derrida, de la que recuperamos y eludimos la noción de *différance* con una «a». Este sustantivo —formado a partir del participio presente del verbo *différer*, sea «diferir» o «distinguirse», conviene recordar— no elimina la posibilidad de tener referentes genéricos y fundamentales, sino que presenta su aparición como algo absolutamente diferido. Por tanto, no postulamos la imposibilidad de concebir un referente absoluto de la familia, de lo masculino y lo femenino, o de la naturaleza, por ejemplo, sino que consideramos pospuesto para siempre el momento de esta revelación, para que puedan ocurrir en la «fenomenalidad» diferentes modos de concebir el punto último, así: tal modo familiar, tal modalidad masculina o femenina, tal relación con el sustrato natural… Se nos escapa esta precisión derivada de un agnosticismo filosófico.

Frente a la mediocracia, la oposición no tiene por qué demostrarse en relaciones contrastantes y flagrantes. Es muy posible encontrarla en apariencias cercanas a nosotros, pero en realidad están muy alejadas, especialmente cuando, a la manera orwelliana, un régimen busca ocultar su discurso con otro que en realidad es muy diferente. De este modo, el extremo centro se presenta bajo la apariencia de la mesura, de la normalidad intimidatoria y del pseudocentro político, aunque es radical, por lo que su contrario se manifiesta siempre como una figura excéntrica que se fragmenta para lanzarse a todo trapo a estériles actos creativos. O incluso a odios ciegos que se mostrarán patentes y tendrán efecto disuasorio.

Por tanto, lo que se opone radicalmente al régimen imperante lo encontramos más en una figura aparentemente cercana al extremo centro y a la mediocracia. Comedimiento, rigor, ponderación: la medianía.

LA CONSPIRACIÓN SIN TEORÍA

Respecto a los discursos ideológicos que los organismos dominantes tienen el poder de inculcarnos por exceso de repetición, reina la confusión entre el enfoque crítico que intenta denunciarlos y oponerse a ellos y lo que vagamente asociamos con la conspiración *(complotisme).* Y los discursos dominantes que intentamos refutar se esfuerzan por que la confusión no desaparezca.

Repasar los tres enfoques —ideológico, crítico y conspirativo— supone, pues, una oportunidad para ver cómo pasamos de uno a otro, sobre todo porque, con demasiada frecuencia, se nos presentan de forma confusa, y los pensamos confusamente.

Si de lo que se trata es de centrarnos en la ideología, hay varias formas de definirla. No partamos de la época en que designaba genéricamente el «conjunto de ideas con valor político». Isabelle Garo, en su libro sobre la ideología,[105] la concibe, entre otras cosas, como el ejercicio del pensamiento que promueven los que tienen el poder para articular, reflejar y justificar el régimen que administran. Es un conjunto de nociones, conceptos y secuencias lógicas a través de las cuales se afirma y se consolida un orden establecido.

Evidentemente, cuando quiere darse a conocer, la ideología no se presenta como tal; simplemente aparece, sin ambages. Por tanto, solo mediante un esfuerzo crítico conseguiremos discernirla, sacar a la luz sus sesgos y fallas, desvelar su génesis. Karl Marx dejó claro en un abrir y cerrar de ojos cómo funcionan los discursos ideológicos al sugerir, en los *Grundrisse* de 1857, que el capitalismo es una fuente de producción en el sentido de que genera una multitud de bienes de mercado, entre los que se encuentran, por ejemplo, los productos alimenticios, los muebles, la ropa, los utensilios… y, precisó, también produce economistas. Es decir, el discurso patentado de estos especialistas en gestión del mercado, el que busca elevarse al rango de ciencia y con ello cubrir con un velo de legitimidad los discursos de los intereses de los beneficiarios del régimen capitalista, se revela como capital de por sí. A través de dicho discurso, a través de su propagación, a través del efecto que causa en el público, gracias a la ascendencia que tiene sobre los altos ejecutivos y los empleados cualificados, mediante la ocupación (con maneras casi militares) que hace de la esfera pública, se moldea la conciencia pública. Se trata del arte de acuñar en la cultura los términos de una moneda neurótica.[106] La función, el papel y la misión de los ideólogos es justificar intelectualmente el acto general de violencia mediante el cual se genera capital en detrimento de una masa de trabajadores y en beneficio de un puñado de oligarcas.

Pero la ideología no consiste simplemente en una ventana propagandística que enseña los términos a través de los cuales se muestra y se explica un régimen político, sino que le da a este una brújula que ofrecer a sus subordinados, para que sepan orientarse, guiarse y servirlo voluntariamente. Tú, individuo sometido a mi poder, tú que buscas hacerte con un hueco en mi sistema, sea como empleado, asociado, socio, gerente de una PYME, tendero, abogado, comerciante…, he aquí el vocabulario que puedes cultivar, la formación que puedes darte, las habilidades informales que puedes desarrollar… para ganarte mi favor y así beneficiarte de los pequeños regalos que te tengo reservados. Así, la ideología se difunde como la palabra del poder que dice «tomad y comed y bebed todos de ella». Compartir la ideología, cuando tienes veinte años, significa decirte a ti mismo que quizás sea una buena idea invertir en capital cognitivo y conseguir un diploma para ser competitivo en el mercado laboral y a la hora de buscar un trabajo, con la esperanza de convertirte en un recurso humano para un patrono, que te permitirá acceder al mundo del poder adquisitivo y hará de ti un triunfador.

Como organización del pensamiento, escenario mental, orquestación intelectual correspondiente a lo que el poder quiere que pensemos de él y de nosotros, la ideología tiene el punto perverso de imponerse como un paso obligado. Se vuelve instrumental, incluso para los dominados. Y, evidentemente, la ideología consiste en dominar a los dominados, en legitimar esta relación de dominación, pero también en equipar a los dominados para que, por muy dominados que estén, consigan, en este régimen de dominación, decantarse, colaborar, hacer que la máquina que los oprime funcione con la precisión de un engranaje.

Paradójicamente, la ideología se presenta entonces como el lenguaje del que no podemos privarnos, so pena de acabar marginados, y en los márgenes nos esperan las calificaciones y descripciones más peyorativas. Y allí lucharemos por encontrar un lugar, un papel, una función… ¿Cómo podemos exigir a una mente joven de veinte años, por ejemplo, que no haga caso de la ideología, que la abandone, que pase a una «escuela de pensamiento» completamente diferente, sea comunista, anarquista, ambientalista radical, etcétera? Decirle «libérate de la ideología, no pienses más con las ideas del poder, ignora este lenguaje, incluso abandónalo» es básicamente condenar al joven a la marginalidad. Es decir, significa privar a los sujetos que abandonan repentinamente el vocabulario ideológico y su estética, y su lógica, de los elementos necesarios para ocupar la casilla que les corresponde en el tablero social, a su vez moldeado por este poder. Algunos tienen el coraje suficiente para intentarlo. Otros tenderán a abandonar la ideología en un grado u otro, asegurándose de que tenga la menor influencia posible en lo que piensan y en cómo actúan. La crítica, en la mayoría de los casos, es entonces el resultado de movimientos de ruptura relativa. Esto no impedirá vivir en sociedad ni creer en el principio que funda las instituciones públicas, pero con comportamientos exigentes, subversivos, creativos y, en última instancia, hostiles a una mayoría obediente a las costumbres instauradas por el régimen.

La crítica

El pensamiento crítico tiene, pues, la vocación, en concreto, de rastrear la ideología, es decir, de reconocerla, sondearla, revelarla, explicarla. Lejos de la estéril «otra cara de la moneda» que adopta el periodismo, no conduce a un diálogo de sordos entre dos proposiciones diametralmente opuestas. La crítica pone freno al vocabulario y a la práctica en uso. La crítica obliga a la duda. Sin aquella, recurrir a los términos de la ideología, cuando se hace de manera apresurada, nos obliga a desarrollar un gran número de puntos ciegos. Cuando hablamos de gobernanza en lugar de política; cuando hablamos de «clientes» en lugar de espectadores, viajeros, pacientes, lectores, estudiantes; cuando hablamos de la «aceptabilidad social» de los proyectos industriales que se pueden imponer a la comunidad en lugar de hablar de voluntad política, por ejemplo, bloqueamos las conciencias con una serie de censuras. Aquí, la censura no se hace a la antigua usanza, sometida a la autoridad de un despacho oficial donde se tacha una determinada palabra o se elimina un determinado plano de una película, sino que se trata de censurar induciendo, inculcando y haciendo cultivar términos que conllevan puntos ciegos, términos que nos oscurecen ciertas cuestiones. Apenas hablamos de gobernanza en lugar de política, mantenemos una relación gerencial y contractual con el mundo en lugar de una relación ciudadana, basada en derechos y en una institucionalización de la cosa pública. Mientras hablemos de «clientela» —la clientela estudiantil, el consumo de espectáculos, el consumo de música, los clientes de una empresa de transporte público, de una universidad, de una biblioteca—, pasaremos de un régimen público a un régimen comercial.

Reconocer una afirmación ideológica significa analizar tanto su semántica como su génesis. ¿Cómo funciona el discurso para operar en un orden determinado? ¿Por qué se desarrolló hasta hacerse hegemónico? Isabelle Garo insiste en la forma en que la representación ideológica enmarca y presenta las cuestiones sociales. El encuadre aquí tiene que ver con la retórica y la estética. Significa, por ejemplo, abordar sistemáticamente la actividad de los grandes grupos industriales desde el punto de vista de la creación de empleo para los parados. Proceder de esta manera significa convertir las empresas en providenciales proveedores de empleos para el sistema y llevar a la conciencia pública a pensar las cuestiones sociales solo como intereses particulares aglomerados. Según este punto de vista, un sujeto nunca se preocupará por las cuestiones políticas comunes. Por el contrario, los avances técnicos se estudiarán estrictamente desde el punto de vista de la ingeniería industrial, y no del coste ecológico de la extracción de minerales o de las consecuencias sociales de su uso.

Desde el punto de vista de la imagen, el encuadre tiene una implicación literal. ¿Cómo se encuadra un tema? Una gran manifestación estudiantil o sindical filmada desde un helicóptero y retransmitida desde este ángulo provoca una mirada similar a la policial; por el contrario, si se graba en medio de la multitud con una cámara al hombro, nos da la impresión épica de que uno está allí. Filmar una personalidad pública a lo lejos, en un plano amplio, y mostrar que se mueve como si siguiéramos un punto negro en el espacio la hace mucho más vulnerable que si la mostramos en un gran primer plano.

A fuerza de repetirlo, este formato termina dando una impresión de la realidad más verdadera que la verdadera. El discurso ideológico apunta ante todo a naturalizar una posición, a dar una apariencia obvia y necesaria a la forma en que se narra y configura el orden social. El ejemplo llevado al límite: los ideólogos que decían, en los años posteriores a la caída del Muro de Berlín, que el capitalismo triunfante reflejaba la naturaleza humana, que oponerse a él era como enfadarse con la previsión meteorológica... Si pensamos en el cambio climático, una expresión así nos parece hoy una broma siniestra.

Sobre este punto, demostrar pensamiento crítico no es solo denunciar el funcionamiento del discurso dominante y su génesis al servicio de unos intereses, sino también describir un carácter opcional que no es naturalmente intrínseco. La crítica constriñe la conciencia de aquellos a quienes no les persuade considerar que su adhesión a la ideología ya no es una necesidad del espíritu, sino solo una elección. Esta reflexión forma ahora parte de una serie, como una más entre muchas otras.

A menudo, el pensamiento ideológico es bastante complejo. El simple hecho de habernos convencido colectivamente de que deberíamos definirnos como individuos es en sí mismo un *tour de force,* porque para nosotros es mucho más espontáneo pensar que somos gregarios. Fueron necesarios decenios de propaganda para lograr que adoptáramos con fluidez esta visión estricta del agente racional. En el proceso, lo primero podría ser, hoy, estar de acuerdo en que no debemos subir demasiado los impuestos a las empresas si no queremos que se vayan, y que los sindicatos no deben obligarlas demasiado. Gramsci dijo que el pensamiento crítico no necesita esfuerzos intelectuales más exigentes que el simple discurso ideológico, a menudo retorcido hasta el punto de ir contra el sentido común, sino que quienes lo cultivan no tienen los medios sociales necesarios para darlo a conocer con la misma intensidad que los demás.

Entre las características de la crítica, destacamos este último aspecto, en el que insiste Max Horkheimer: la crítica pone en duda los discursos oficiales mientras se somete a su propio examen.[107] Tener dudas sobre el alcance y los méritos de la crítica que le hacemos al discurso dominante es mantener en suspenso la idea de que nuestro pensamiento puede convertirse en la ideología del mañana, que está sujeta a errores, que puede quedar fijada y constituir una especie de *organon* válido por sí mismo y quizás sea capaz de defender intereses de un nuevo tipo. Es posible. Una expresión feliz de Jacques Rigaud para protegerse contra este riesgo: «Cuestiono incluso cuando afirmo».[108] Incluso cuando afirmo, hay algo en el acto de afirmar que no satura la conciencia. La conciencia sigue dudando de lo que puede afirmar cuando se trata de decir algo distinto de lo que la ideología nos lleva a decir.

Esta distinción es en verdad importante porque a través de ella se aleja el pensamiento crítico de un tipo de discurso conspirativo. La teoría crítica pretende refundar un orden manteniendo siempre la duda sobre la validez de lo que propone.

¿Qué es una conspiración?

No es inoportuno hablar de la noción de «conspiración», que nos abruma particularmente hoy en día y de la que oímos hablar en todas partes, y que ahora incluso entra dentro del ámbito de aplicación de la ley en determinadas circunstancias.[109] Lejos de la caricatura mediática del «complotismo», se puede definir de cinco maneras completamente diferentes.

En primer lugar, la conspiración se considera una noción de derecho. Desde que nos interesan los asuntos jurídicos, sabemos que se acusó de conspiración a delincuentes financieros como Bernard Madoff o Jeffrey Skilling. Y cuando un juez los condena por «conspiración» con penas severas, es raro que los periodistas berreen y acusen repentinamente de conspiradores a estos jueces o sospechen que sufren delirios paranoicos. En estos momentos, nuestra sociedad utiliza el término «conspiración» para designar algo concreto.

También en el ámbito político nos interesarán las conspiraciones de los cargos electos más abiertamente corruptos como, por ejemplo, en Quebec, el exalcalde de la ciudad de Laval, Gilles Vaillancourt, condenado por conspirar. Por tanto, es innegable que existen conspiraciones, al menos desde el punto de vista legal.

Ahora propondremos un enfoque crítico de la conspiración. El historiador Marc Nichanian estudia los genocidios en el siglo xx. Para proteger a las víctimas indirectas de tales catástrofes frente a los negacionistas que las humillan, obligándolas a demostrar continuamente la verdad del gran daño que sufrieron, Nichanian quiere que el genocidio sea calificado como una conspiración debidamente codificada por las leyes. Además, el término «complot» en francés tiene su etimología, pues *plot* remite a la noción de «intriga». La conspiración se impone de este modo como una intriga general que una comunidad se crea; designa entonces una intriga que compartimos. Como los genocidas acostumbran a borrar con demasiada frecuencia sus huellas, a obligar a las víctimas a presentar pruebas, la noción llega en ciertas situaciones extremas a bloquear la cuestión y nos lleva a aceptar su enunciado global. Este es otro significado —muy diferente— aceptable del término.

Hay otros momentos en los que la crítica recurre a la noción de conspiración para pensar correctamente la realidad. Para contrarrestar la idea de que hay conspiraciones por todos lados, sería insensato decir que no las hay en ningún lado. ¿Es tan descabellado sugerir, si hablamos de la industria, que una empresa como Monsanto está inmersa en una conspiración contra los agricultores del mundo? Cuando imponemos, mediante todo tipo de estratagemas legales y tácticas competitivas, semillas que no pueden reproducirse por sí mismas y que hacen que los agricultores dependan del proveedor, cuando creamos semillas que crecen con la condición de matar todo lo que contiene el suelo, ¿no nos enfrentamos a una historia que parecería increíble si no hubiera sido corroborada por numerosas fuentes creíbles?

En tercer lugar, la conspiración puede analizarse fríamente como método de gobierno, como lo hace pacientemente Alaa al-Aswani en su ensayo *Le syndrome de la dictature*. A partir de

Los protocolos de los sabios de Sión, una vulgar falsificación que ha servido abundantemente a varios regímenes antisemitas en la historia, podemos identificar las formas que tienen los poderes políticos de estructurar un discurso que sirviera para apoyar sus políticas frente a adversarios mitificados. No es difícil ver el estilo de los regímenes occidentales en el modo en que las potencias «absolutistas» construyen adversarios para reinar: los comunistas, Sadam Husein y las llamadas «armas de destrucción masiva», los terroristas musulmanes, los inmigrantes, incluso un virus contra el que «guerreamos»... Los poderosos pueden así reducir a algo indigno y despreciable toda oposición, o alteridad, sembrar el terror en la población ante las malvadas intenciones atribuidas al contrario, evitar la responsabilidad al atribuirle la responsabilidad de toda culpa a las oscuras maquinaciones del enemigo y, por último, justificar la represión de los adversarios, que rápidamente quedan deshumanizados por completo.[110] Estados Unidos ha sido durante mucho tiempo un importante laboratorio político para este tipo de maneras de proceder.[111]

Cuarto: la conspiración tiene una dimensión estrictamente polémica. Si se le da la vuelta, permite que cualquiera que no esté de acuerdo con las directrices del régimen sea acusado de conspirador o de complotista. Si hablamos de ideología, podemos ver la conspiración como una especie de inmunidad. «Deliras, eres un paranoico. Ves conspiraciones por todas partes». Charles Pasqua, político francés implicado en numerosos asuntos mafiosos en su época, no dudó en jugar esta carta cuando le preguntaron por los numerosos casos judiciales que le concernían. Este acto retórico se reactiva cuando dudamos de un discurso oficial, ya sean los acontecimientos históricos del 11 de septiembre de 2001, las razones de las políticas sanitarias en tiempos de la COVID-19, la complicidad occidental para mantener a Haití en la lista de los «narcoestados»... Inmediatamente, la noción de conspiración aparece como una llave maestra que sirve para cerrar cualquier crítica, incluso la más fundada.

Finalmente, llegamos a la noción de conspiración que se ha convertido en sinónimo corriente de un gran delirio paranoide, una manifestación patológica. A menudo la calificamos como «teoría», lo que revela muy poco conocimiento de en qué consiste la ciencia. Un discurso cualquiera o una amalgama de indicios no constituyen por sí mismos una teoría y, sin embargo, la denuncia se basa en esta palabra tan mal comprendida por quienes la utilizan abundantemente. Así pues, apoyar una teoría de la conspiración significa elaborar un discurso que pretende resolver problemas importantes, adivinar las causas y las responsabilidades. Si no todo son conspiraciones y si algunas hipótesis se califican rápidamente como conspirativas por las controvertidas razones antes mencionadas, otras veces resultan sin duda embarazosas para quienes las alimentan. Estos discursos tienen como principal característica comprimir cualquier realidad compleja en una explicación simple. Sin embargo, el mundo sigue siendo complejo. Hoy es extremadamente difícil saber realmente quién decide, quién es soberano, quién lleva las riendas, quién es responsable de tal o cual situación. De este modo, nos damos cuenta del carácter perverso del mundo en que vivimos, pues quienes tienen el poder buscan, incluso jurídicamente, aceptar cada vez menos responsabilidades. La simple calificación de empresa de «responsabilidad limitada» o «sociedad limitada», aceptada por derecho, refleja esta situación. Las entidades privadas más poderosas no buscan tanto controlar el mundo como dotarse de resortes suficientes para aprovechar todas las circunstancias, cualquiera que sea su evolución. En un ordenamiento con contornos tan difíciles de definir y realidades tan indescifrables, el discurso de la conspiración aparece como una exigencia que se hace a la realidad para que se muestre claramente. Como si sufrir un agravio fuera más fácil cuando lo inflige una dictadura evidente que cuando lo provoca un orden perverso que difumina su responsabilidad y la evapora como si fuera gas.

Entonces, la «teoría» de la conspiración consiste en llenar el vacío de la duda, a toda costa, tras darse por satisfecho con cualquier elemento de la respuesta: ¡Ah! Son los británicos, son las doscientas familias judías, es la CIA, son los Illuminati, no sé realmente quiénes; rápido, necesito una respuesta, pues la cuestión es insoportable. Que haya una pregunta que hacerse resulta insoportable. Que haya una duda es insoportable. Fabular una respuesta en lugar de soportar la enorme brecha que abre la pregunta, como si esta fuera una llaga.

En este contexto, el discurso conspirativo se presenta como un pensamiento crítico libre de la parte dubitativa. El pensamiento conspirativo entendido en este sentido es un pensamiento crítico apresurado. Es un pensamiento crítico lleno de prótesis, que continuamente sella sus fallas, que ciega las aberturas, que no soporta, por tanto, la pregunta que atormenta el pensamiento. Atronadora, ensordecedora, estridente, esta caricatura del discurso daña la crítica porque la contamina. Entonces resulta fácil para los polemistas asimilar las dos categorías discursivas.

Si nos ponemos pesimistas, estas mentiras justifican el fatalismo: ¿qué deberíamos hacer frente a banqueros tan poderosos y castas tan arraigadas? Si nos ponemos optimistas, se trata de revestir una idea delirante de orden teológico y salvador que presentar, vista así, a los alborotadores que se entusiasman como personas de poca fe. Si lo vemos de manera ciegamente odiosa, y a menudo racista, el enfoque consiste en identificar los chivos expiatorios que habrá que extirpar del cuerpo social, como si fueran un tumor, para que aquel pueda recuperar la salud. Estos tres modos de verlo tienen una ventaja; evitan a quienes los siguen tener que interactuar políticamente con los complejos asuntos del mundo.

A nivel político, reconocemos una tensión entre el enfoque crítico y el pensamiento conspirativo paranoico. La izquierda radical y ecologista no se contenta con chivos expiatorios, sino que relaciona el pensamiento y la ciudadanía con un punto de vista histórico que exige sentido de la responsabilidad y valentía. Revisar profundamente las políticas públicas, orientar las sociedades hacia nuevos objetivos, a veces en detrimento de la comodidad: los métodos de organización colectiva involucran infinitamente a los ciudadanos. La derecha xenófoba o racista, por el contrario, se basa en ideas vagas: en el fondo, todo está bien, todo debería ir bien. Todo estaría bien si estuviéramos rodeados solo de gente como nosotros. Pero nos encontramos en cierto modo parasitados por elementos extraños, nos vemos corrompidos por otros agentes. Lo único que tenemos que hacer es deshacernos de lo que nos corrompe y de lo que nos parasita. Y una vez que hayamos recuperado nuestra pureza y volvamos a ser uno con nosotros mismos, finalmente podremos hundirnos en el sueño de la unicidad y en el formol de la misma hasta el final de los tiempos. Esta manifestación de la pulsión de muerte concibe la alteridad como aquello que corrompe una realidad única.

EL ORÁCULO CIENTÍFICO

Un perfecto ejemplo de marco ideológico es el cómo se ha tratado la información a la que hemos tenido derecho con el brote planetario de la COVID-19. En primer lugar, concentrar la atención en unas pocas variables: el número de casos, la tasa de ocupación de los hospitales, la cantidad de personas vacunadas y el impacto de la crisis en los datos econométricos. Luego, establecer una perspectiva de «vuelta a la normalidad» como si no se pudieran aprender lecciones sustanciales de la crisis. Más tarde, borrar las contradicciones flagrantes que han salido a la luz limando imperfecciones muy destacadas: hacer que los Estados aparezcan como defensores de una salud pública que generalmente no les importa, o que las empresas farmacéuticas parezcan agentes desinteresados y salvadores de la causa social. Así pues, darle carta de naturaleza a todo para que este miserable corpus sea el único juguete al que tenemos derecho, tras dejar a los medios no disidentes arbitrar debates con científicos a los que no entienden y dejar a sus anchas a sedicentes expertos cooptados y en detrimento de los científicos tildados de «erráticos». Finalmente, legitimar y consolidar, mediante el ejercicio de las mismas, las competencias establecidas en el ámbito público y privado.

El marco

«La ciencia» apareció en este caso para darle al marco informativo la rigidez que era esencial para coordinar el comportamiento de poblaciones enteras. Sin embargo, en su nombre se montaron también otros discursos, convertidos en disidentes.

Carole Xavier, médica especialista en patología en el Outaouais, no vacunada, afirma que no creyó necesario vacunar al 100% de la población, ni creyó en la eficacia de la vacuna en sí, dada su especificidad; ni siquiera creyó en la certeza de su inocuidad a largo plazo.[112] Flanqueada por algunos colegas, afirmó en una conferencia de prensa que los médicos que se distancian de la ideología mayoritaria, y fuertemente sostenida en nombre de la «ciencia», acaban generalmente «excluidos». Como para darle la razón, al arbitrar un debate entre científicos sin autoridad reconocida, Radio-Canada intentó desacreditar absolutamente todos los datos presentados en la citada rueda de prensa con el pretexto de que «también había dado lugar a declaraciones falsas o engañosas sobre las vacunas».[113] Sin embargo, el adverbio «también» con el que comienza la cita demuestra el carácter relativo de las refutaciones, en sí mismas discutibles, las únicas a las que el público tendrá derecho. Los ponentes eran todos especialistas en el campo de la salud, pero insidiosamente Radio-Canada mencionó que «se autodenominaban» así, como si estuvieran abusando de unos títulos que, en realidad, son efectivamente verificables.

Le Devoir, por su parte, se ensañó humillando públicamente a una columnista de renombre que se había alejado de los caminos habituales sin suficientes precauciones teóricas, hasta el punto enseñarle la puerta.[114]

Los grandes medios de comunicación se han mostrado visceralmente incapaces de organizar un debate público entre científicos, no haciendo caso a su criterio y dando así rienda suelta a la discusión.[115] Prefirieron que un cierto tipo de expertos hicieran de correas de transmisión de las políticas gubernamentales. Sin duda, este punto de vista merecía ser transmitido, de manera prioritaria, pero no exclusiva. Sin embargo, solo una actitud agnóstica por su parte habría permitido colocar a los ciudadanos en la posición de escuchar y pensar para que pudieran juzgar la situación con su propia incapacidad y en última instancia, en lugar de obligarlos a creer lo que querían las autoridades y hacer lo que querían las empresas farmacéuticas. Para creer mejor, resonó en cambio un adagio pascaliano: «¡Estupidizaos!».

La naturalización

Se podría pensar que el asombro, la alienación o la incompetencia llevaron a los medios a respaldar un discurso tan singular. No obstante, las disposiciones críticas que parecieron faltarles ante la manifestación de fuerza política por parte del aparato tecno-médico las movilizaron fácilmente a la hora de desacreditar, incluso antes de permitirnos oír lo que tenían que decir, a cualquier científico que se desviase de la ortodoxia. Geert Vanden Bossche, virólogo de profesión que ha trabajado tanto para empresas farmacéuticas como para organismos públicos de salud, se vio atacado en cuanto se atrevió a cuestionar la pertinencia de algunas políticas públicas. Su argumento: las vacunas, en las que cree con conocimiento de causa desde que ayudó a producirlas, son útiles antes de las crisis pero no durante; complementan el sistema inmunológico innato de las personas y la capacidad de adaptarse a nuevas enfermedades; por último, en ese momento favorecían formas mutantes del virus. Este último punto, según él, es crucial: frente a un virus mutante, la vacuna favorece formas que han podido eludir la defensa inmunitaria hasta el punto de proliferar mucho más que en un contexto en que el sistema inmunitario de los miembros de una comunidad habrá aprendido a combatirlo. Para él, de esto no se habla públicamente y los «expertos» que hablan en nombre de «la ciencia» no le parecen más rigurosos que los políticos. Está de acuerdo con Normand Mousseau, un profesor de física que, aunque no es un experto en salud pública, discrepa de la forma en que se utilizan los modelos científicos para administrar dosis de caballo a poblaciones enteras, en lugar de centrarse rigurosamente en personas que corren riesgos, como se ha hecho hasta ahora con la gripe.

Pero de esto no se habla porque los medios invitan a los heterodoxos solo para negar lo que dicen. Entonces, se moviliza contra ellos el aparato crítico, que es fácil que aparezca cuando hay gigantes como Pfizer en la ecuación. El virólogo Vanden Bossche, por tanto, no sería tan «independiente» como dice, porque tendría pequeños intereses en una forma de ver las cosas que promueva la medicina alternativa en la que dice creer; su último artículo data de 1995; está completamente aislado, alejado de todo... En definitiva, «desconfiad de este estafador», nos dicen al unísono los medios de comunicación tradicionales, algunos de ellos en secciones financiadas directamente por el Estado sin nuestro conocimiento.[116] Si estos criterios son de primordial importancia, ¿qué pasa entonces con el expediente legal de Pfizer? ¿Qué pasa con las cifras faraónicas que sus accionistas recaudan gracias a las campañas de vacunación? ¿Qué pasa con las últimas publicaciones científicas de todos estos «expertos» y buenos médicos que son invitados al plató para que griten «¡Vacunas, vacunas, vacunas!»? ¿Qué pasa con estas impresionantes estadísticas que no significan nada, como los titulares sobre el número de decenas de miles de personas afectadas por una variante que para la gran mayoría de ellas no es más que un resfriado? ¿Y qué pasa con el respaldo de las revistas científicas, prestigio que se ha visto en gran medida socavado por prácticas fraudulentas que abundan en forma de conflictos de intereses?[117] Los medios de comunicación que hoy nos obligan a creer ciegamente en la ciencia institucional son, sin embargo, los mismos que comúnmente nos la presentan como corrompida por el poder del dinero.[118]

Al final, el número de médicos, virólogos y epidemiólogos que los medios rechazan en la arena pública por considerarlos electrones libres, aislados, incluso locos, son tan numerosos que acabamos viendo el reverso negativo del efecto de una comunidad. Los nombres de Louis Fouché,[119] René Lavigueur[120] y Robert Malone[121] aparecen ahora literalmente en listas negras, que abundan tanto[122] —en medio de pocos informes honestos— que dan la sensación de que existe la censura.[123] Y añádase a Geert Vanden Bossche,[124] del que se dice que está aislado, aunque varios de sus colegas explican públicamente por qué, consecuentes con su planteamiento, tampoco están vacunados.[125]

Sin embargo, el método tiene éxito. La más mínima sospecha de que un especialista piensa de manera heterodoxa provoca una reacción mediática. Este fenómeno inhibidor contribuye evidentemente a la reducción de los testimonios, que sin embargo siguen siendo numerosos. La sensación de censura la da la refutación ruidosa y absoluta de todo lo que no se ajusta a la ortodoxia. Así, durante dos años, ni una palabra disidente expresada desde el campo de la ciencia encontró aceptación en los principales medios de comunicación. Fueron refutadas rotundamente con la alegación de que «es todo falso».

El procedimiento es conocido de sobras. La columnista Josée Blanchette, que en 2016 tuvo el odioso atrevimiento de plantear dudas sobre los actuales tratamientos contra el cáncer, sufrió idéntico linchamiento mediático por parte de la medicina oficial. En menos de veinticuatro horas, como si hubiera pasado una máquina asfaltadora, no quedaba nada de sus objeciones, por documentadas que estuvieran. Si no son simplemente correas de transmisión de propaganda, los dueños de los medios son a menudo los primeros en encontrarse a disgusto con la duda. A la cultura mediática le parecen prácticamente un escándalo las aporías y las *epojé* —es decir, en griego, problemas para los que no tenemos solución inmediata—, así como ciertos razonamientos que permanecen durante un tiempo sin respuesta. Sin embargo, sin un agnosticismo extendido al conocimiento, mediante el cual se pueda dudar en última instancia de las verdades que pretende «la ciencia», es imposible ver en el gremio de los científicos no solo artesanos del conocimiento, sino también, desde un punto de vista sociológico, agentes de poder. Michel Foucault no cae en la paranoia cuando aborda el poder en relación con la corporación médica, al tiempo que formula una poderosa crítica contra ella. En un mesurado texto de 1976, «Crisis de la medicina o crisis de la antimedicina», explica las numerosas funciones administrativas que la medicina se ha arrogado por lo que hace a la gestión general de los cuerpos, la alimentación, la normalización y la salud mental, el derecho y sus procedimientos legales, al tiempo que constituye un vector financiero muy importante. «Afirmar que la medicina no debe ser rechazada ni adoptada como tal, que la medicina es parte de un sistema histórico, que no es una ciencia pura, que es parte de un sistema económico y de un sistema de poder»[126] es algo que los principales medios de comunicación occidentales tradicionales se han mostrado absolutamente incapaces de decir.

Por este motivo, por ejemplo, no ha sido posible un debate serio sobre el uso de la ivermectina. Este fármaco antiparasitario, bastante conocido, cuenta con el apoyo de suficientes médicos competentes como para ser tenido en cuenta. En una declaración ante el parlamento del Gran Ducado de Luxemburgo,[127] el médico Christian Peronne, que había asesorado durante mucho tiempo al Gobierno francés en asuntos de vacunación mientras trabajaba sobre este tema en la Organización Mundial de la Salud, se mostró partidario de utilizar la ivermectina. Quienes denigran esta opción se basan principalmente en la falta de pruebas sobre su supuesta efectividad. *Le Monde* informó seriamente sobre ello,[128] pero pocos artículos lo abordan de manera desapasionada.

La obediencia a la autoridad que demuestran los expertos de bata blanca recuerda el famoso experimento de Stanley Milgram, que puso a prueba la capacidad de la gente corriente de negarse a ser verdugos de una víctima inocente tan pronto como la responsabilidad de su acción es asumida por una figura con poder científico.[129] Pero esta vez la violencia se ha vuelto colectivamente contra nosotros. Sin reflexionar y tragando propaganda que deseamos que sea cada vez más intensa para hacer ceder a los recalcitrantes, nos autocastigamos de manera irreflexiva.

Como bien afirma la doctora Alice Desbiolles,[130] lo que prima es la «moral» —esto es lo que hay que hacer, estos son los expertos buenos, estos los malos...— y no la «ética», es decir, un discurso basado en la comprensión y el consenso, en un contexto de reflexión mínimamente serena.

No es un problema, en principio, admitir y seguir las directrices oficiales, pero sí lo es si se hace estrictamente por miedo y coerción. Del mismo modo, dudar de la pertinencia de estas directrices no debería molestar, siempre y cuando lo hagamos sin ira y sin resentimiento.

Pero el clima deletéreo nos aleja de este espacio mental sereno tan preciado, y perjudica seriamente nuestra manera de pensar. Baltasar Gracián, a mediados del siglo XVII, escribió:

> ¿Qué haces? ¿Sabes con quién te tomas y por quién vuelves? ¿No adviertes que te declaras contra la plausible Mentira, que es decir contra todo el mundo, y que te han de tener por loco? Quisiéronla vengar los niños con solo decirla; mas, como flacos y contra tantos y tan poderosos, no fue posible prevalecer: con lo cual quedó de todo punto desamparada la hermosísima Verdad, y poco a poco, a empellones, la fueron todos echando tan lejos que aun hoy no parece ni se sabe dónde haya parado.[131]

Aquí, la verdad supone que, en última instancia, todos vivimos en la ignorancia, de una forma u otra, y que, al aceptarla, visto que se ha aplacado el orgullo, podemos, a golpe de hipótesis reflexivas, movernos de manera más inteligente.

Las contradicciones

Para mantener la presión sobre la opinión pública y dar una apariencia de coherencia a las contradicciones que abundan, es necesario movilizar una enorme cantidad de energía.

¿No es ejemplo de restricción mental ocultar el lucrativo desafío que representa para las empresas farmacéuticas la producción y distribución de vacunas? Pfizer generó unas ventas de treinta y seis mil millones de dólares en 2021 y, a los pocos días de 2022, su cartera de pedidos ya representaba casi la misma cantidad.[132] La retórica de que más vacunas son garantía de fortalecer el sistema inmunológico es, al menos en parte, interesada. También es muy cuestionable desde el punto de vista científico,[133] incluso desde el punto de vista de la OMS.[134] Hacer de una empresa como Pfizer una autoridad plenipotenciaria también tiene algo intelectualmente impactante. Lo demuestra el grueso expediente judicial que tiene en sus archivos: una empresa como esta ha estado representada durante decenios por mentirosos compulsivos y reincidentes.[135]

El régimen se resigna a reconocer que el único dato que importa es el de la tasa de hospitalización y el de la puesta a prueba del personal médico,[136] porque el sistema está desbordado. Pero ¿no lo estaba ya a principios de 2020? ¿Cómo es posible que un país grande y rico no sea capaz de proporcionar instituciones sanitarias capaces de hacer frente a lo peor y prever lo imprevisto? ¿Las finanzas públicas permitían hacerlo? Y si no, ¿no se explica con la generosidad fiscal que el Estado tiene con las grandes empresas, que hoy son las que menos sufren esta crisis social? Por no hablar del acceso legalizado a paraísos fiscales que privan al Estado de varios miles de millones de dólares en impuestos cada año.

Además, si las vacunas —he aquí una curiosa contradicción que se ha citado solo esporádicamente— realmente resultan ser la panacea y se distribuyen en nombre de la salud pública, ¿no deberíamos pasar por alto la cuestión de las patentes y vacunar a las poblaciones de los países pobres, en lugar de exhortar a la población occidental a recibir una tercera y una cuarta dosis? Sobre todo porque, en ocasiones, determinadas variantes proceden de poblaciones que las autoridades públicas occidentales marginan casi por completo.[137] Desde el punto de vista de los provacunas, Nimâ Machouf, especialista en epidemiología de las enfermedades infecciosas, resume:

> Habremos financiado públicamente el desarrollo de una vacuna contra una amenaza mortal, reunido a investigadores de todo el mundo para aprovechar la inteligencia colectiva y logrado un gran avance científico en un tiempo récord. Todo esto para luego ceder este descubrimiento colectivo a empresas farmacéuticas privadas encargadas de la producción y distribución, permitiéndoles pagar dividendos astronómicos a un puñado de accionistas. Al mismo tiempo, la ley del mercado ha permitido a los países más fuertes acumular dosis mientras la mayoría de los países se ven obligados a mendigar vacunas en cantidades insuficientes. Peor aún, esta lógica vergonzosa destruye nuestras posibilidades de lograr el objetivo inicial: eliminar un virus que nos amenaza.[138]

La noción de ciencia se utiliza mal para llenar de virtud una síntesis bastarda desarrollada a partir de arbitrajes apresurados entre expertos gubernamentales, grupos de presión de todo tipo y políticos preocupados por cuestiones partidistas.

La perspectiva

Parecemos incapaces de debatirlo en serio colectivamente. ¿Qué nos promete el oráculo mediático? Que a la «crisis» hecha de estadísticas epidemiológicas y econométricas se le opone el mantra de «todo irá bien» con vistas a una «nueva normalidad». Esta perspectiva puede parecer un horizonte de expectativas inaccesible, pero regresamos a él mecánicamente, impotentes a la hora de pensar seriamente en el futuro.

Esta vuelta a la «normalidad» (en realidad, a «lo anormal») supondrá un resurgir reforzado del régimen que provocó la crisis. El turismo de masas, la producción a toda costa y el consumo irresponsable de cuanto se pueda comprar y vender, la posterior destrucción de los ecosistemas y el agotamiento de los recursos naturales, todo continuará en esta imparable historia destructiva. Nunca nos hemos guiado tan poco por dictados de conciencia que nos permitan pensar con cierta calma sobre fenómenos como la muerte, la renuncia, la privación, la moderación, el pudor. No poder disfrutarlo todo, en todas las direcciones, provoca una ansiedad incluso peor que la perspectiva de una economía cultural y psicológica que estructure el deseo.

El desarrollo cada vez más ramificado del complejo industrial global, la llegada de los mercados globales a enormes territorios dedicados a la producción agrícola de monocultivo intensivo, el turismo de masas y la pérdida de biodiversidad seguirán fomentando nuevas epidemias.

Porque nada cambia fundamentalmente, todo empeora, permanecer igual y volver a lo mismo no significa estancamiento ni *statu quo.* El capitalismo mercantil y su ideología dañina promueven el crecimiento perenne y, en consecuencia, progresan continuamente. Se vuelven más incisivos y sus fechorías crecen exponencialmente. Volver a la normalidad significa participar en esta evolución radical. Seguir igual es hacer más hondo el abismo en el que vamos cayendo.

Permitir la disensión

> Ejercer la beneficencia tiene como objetivo procurar salud y bienestar a la población mediante el uso de las mejores prácticas y datos disponibles. [...] En la gestión de riesgos, se tiene precaución en

> situaciones de incertidumbre científica cuando no es posible basar las acciones de salud pública en datos concluyentes que cumplan con los estándares científicos habituales. [...] Los diferentes riesgos o inconvenientes posibles de una medida relacionada con la salud pública no deben ser desproporcionados en relación con la magnitud del problema que ayuda a resolver, o con los beneficios esperados. [...] La evidencia permite, a quienes toman decisiones, orientar lo que se debe hacer, anticipar consecuencias y tomar decisiones inteligentes. Sin embargo, la evidencia es siempre relativamente incierta: no todos los datos son irrefutables. Algunos pueden estar sujetos a quedar invalidados por las experiencias futuras, mientras que otros persisten como referencias que pueden proporcionar una base sólida para la acción. [...] Una decisión justificable en un momento concreto puede resultar inadecuada según cómo evolucione la situación. [...] La referencia a «la ciencia» no puede presentarse como la única fuente de decisiones en materia de salud pública, sin indicar simultáneamente las principales áreas de incertidumbre.

No son los teóricos de la conspiración ni los activistas negacionistas quienes enuncian estos principios, sino colaboradores éticos debidamente autorizados por el Gobierno de Quebec.[139] Nos recuerdan cómo las decisiones políticas en asuntos de salud pública se basan muy a menudo en conocimientos fragmentarios. Los principios enunciados al inicio de la crisis seguían siendo válidos cuando se impusieron programas de vacunación a gran escala.

Un estudio de Raphaëlle Bacqué y Philippe Kohly sobre el cargo de primer ministro en Francia reveló que las cuestiones relativas a la vacunación propiciaron duros enfrentamientos entre los líderes políticos de alto nivel. Al igual que con las vacunas que existen desde hace mucho tiempo, con las nuevas estamos lejos de la evidencia segura. Lionel Jospin, que desempeñó el citado cargo entre 1997 y 2002, sirve de ejemplo gracias a las dudas que se le plantearon en su momento: «¿Debemos mantener la vacunación obligatoria contra la hepatitis B aunque a veces provoque esclerosis múltiple? Dos racionalidades se oponen y ninguna desaparecerá una vez te hayas decidido».[140] Si los Estados no lo hacen, visto que su función y sus prerrogativas les permiten tomar decisiones definitivas, corresponde a la prensa sacar a la luz todo el abanico de opciones racionales existentes.

¿Acaso no habríamos tenido un debate social en condiciones si estas premisas se hubieran expresado claramente?

Pero de todo esto no se podía hablar. Coluche: «No podemos decir la verdad en la televisión: hay demasiada gente mirando».

Los expertos en ética quebequeses proporcionan elementos de justificación a las autoridades públicas. Afirman, por un lado, que se requiere transparencia para apuntalar la confianza que la población tiene en la ciencia y en los expertos promovidos por los poderes públicos pero, al mismo tiempo, esa transparencia no debe centrarse solo en lo que «conviene» saber.[141] O lo que quienes están en el poder consideran útil dar a conocer. Significa que, ante los ciudadanos, el poder se enfrenta a una doble limitación: para algunos, revelar los intríngulis y los debates internos propios de «la ciencia» provoca confianza, porque uno se siente informado e incluso invitado a la reflexión; para otros, demasiada información sería, por el contrario, un motivo de ansiedad y una razón para la desobediencia.

> La transparencia requiere la difusión de información detallada, lo que inevitablemente implica la comunicación de las incertidumbres científicas que aún hay sobre el virus, cómo se transmite y la inmunidad

> adquirida, pero sobre todo acerca de los riesgos y consecuencias del final del confinamiento. Comunicar las incertidumbres ayuda a algunas personas a comprender mejor la situación, lo que a su vez aumenta la confianza en las autoridades sanitarias y en quienes toman las decisiones. Por otro lado, comunicar incertidumbres puede generar confusión en otras personas sobre cómo deben comportarse para protegerse y proteger a los demás y, por tanto, puede provocar ansiedad. En aras del buen gobierno, la información sobre la evolución de la pandemia solo debe divulgarse si al hacerlo no se corre el riesgo de causar más daños que beneficios.[142]

Esta aprensión fue lo que guio, en última instancia, la información, incluso en los medios de referencia. ¿Por qué intentar edificar a los ciudadanos? Al menos, tiempo atrás, los medios de comunicación se declaraban abiertamente mediocres: «*Time* debe presentarse como si hubiera sido escrita por un cualquiera para otro cualquiera», afirmaba con orgullo la revista estadounidense en los años sesenta.[143]

No obstante, el contexto actual marca un tiempo filosófico en el que el juicio ha sido suspendido, es decir, se hace patente la *epojé*. Ya no sabemos a quién creer: los principales medios de comunicación se alinean con los Estados, que a su vez están demasiado atados a resoluciones programáticas necesarias (cuando no sujetos a intereses no estatales) como para organizar un debate sensato entre científicos. Los medios de extrema derecha alimentan sus ideas sobre la crisis desde una perspectiva libertaria. Los ciudadanos preocupados expresan sus temores con todo tipo de acusaciones, que a veces son relevantes, aunque muy graves, pero siempre sujetas a cautela. Los científicos no se llevan bien en cuanto el debate se hace profundo, y muchos siguen teniendo notoriamente conflictos de intereses... Pero que no sepamos a quién creer no puede hundirnos en el desánimo, aunque sea este un momento histórico en el que hay que tomar decisiones. Esta es la etapa necesaria para expresar lo que se piensa. Podemos decidir, es verdad, de una manera u otra, a pesar de cierto grado de incertidumbre. La duda no impide la acción, la acompaña.

Ampliar el marco

Si fuéramos capaces de debatir rigurosa y colectivamente, hoy debatiríamos la evolución de nuestra forma de vida, aspecto del que no se ocupa el régimen capitalista, dejándolo «impensado».

Relacionada estrechamente con la ecología, la transmisión de los virus puede explicarse por la pérdida de biodiversidad. No lo afirman los teóricos de la conspiración, sino científicos debidamente apoyados por los Estados dentro de la Plataforma Intergubernamental, Científica y Política de las Naciones Unidas sobre Biodiversidad y Servicios de los Ecosistemas (IPBES). Concluyeron en un estudio reciente que la extinción acelerada de especies favorece la transmisión de elementos patógenos de los animales al hombre.[144] Han desaparecido muchas formas de vida que, en tiempos, fueron una zona de amortiguamiento en la cadena de la transmisión.

Mientras la mayoría de sus colegas reproducían los discursos oficiales, la periodista Marie-Monique Robin publicó un libro que recorría la extraordinariamente larga lista de «zoonosis» que han castigado a la humanidad desde principios de siglo: los síndromes respiratorios agudos «severos» (SARS), las fiebres hemorrágicas de Crimea-Congo y el Ébola, fiebre de Lassa, coronavirus MERS-COV, virus Nipah, gripe aviar H1N1, fiebre del Valle del Rift, Zika, chikunguña y COVID-19.

La fabrique des pandémies de Robin utiliza el ejemplo de los murciélagos para explicar cómo nos volvemos vulnerables a las enfermedades animales. Y nuestro estilo de vida tiene algo que ver. Los murciélagos son capaces de coexistir con una cantidad impresionante de patógenos. Pero como la deforestación y el desarrollo industrial los someten a una tensión sin precedentes, se vuelven sensibles a todos estos parásitos y, por consiguiente, contagiosos, especialmente a través de los excrementos. Más tarde se descubre que otras especies son portadoras de bacterias. Y basta con que afecten al cerdo criado industrialmente para que pasen a los humanos que explotan un animal que comparte casi todas nuestras características genéticas.[145]

Se anuncia también que nuestro siglo marcará el momento histórico de una «epidemia de pandemias». La expresión pasará a la historia y los historiadores tal vez la utilicen en los siglos venideros para definir las primeras consecuencias de nuestro irresponsable estilo de vida.

La doctora Alice Desbiolles extrae la única conclusión relevante de este fiasco: debemos detener «las actividades humanas destructivas como la deforestación, el comercio de animales salvajes, la erosión y la destrucción de la biodiversidad [...], la ganadería industrial» en el contexto del mercado global, es decir, debemos evitar «el caldo de cultivo perfecto para las pandemias». Las políticas de decrecimiento en cuanto cambio de paradigma son convincentes, aunque solo sea en términos contables: cuesta cien veces más tratar una pandemia que prevenirla.[146]

Barbara Stiegler, por su parte, se centró en las consideraciones de Richard Horton, editor jefe de la revista médica *The Lancet*, para describir nuestra situación no como una pandemia, sino como una «sindemia», es decir, la comunión del virus con determinadas patologías crónicas. Horton también vincula el fenómeno a un conjunto de factores relacionados con nuestra alimentación y con el medioambiente «provocados por las desigualdades sociales y por la crisis ecológica entendida en sentido amplio».[147] Este análisis permite evaluar en qué medida la respuesta de las autoridades públicas son improvisadas e inadecuadas.

Lo peor que podía pasar cuando las autoridades públicas declararon que había una crisis sanitaria era que nada cambiara en la mentalidad de la gente. Y nada cambió en sustancia. Los crédulos permanecieron estúpidamente obedientes, los pasotas siguieron indiferentes, los atrabiliarios odiosos, los codiciosos contables, los hipocondríacos autorreferenciales, mientras los paranoicos estaban seguros de ser culpables y los biempensantes, de ser las víctimas. A lo sumo, ahora podemos ver a grandes rasgos, y a veces de manera intensificada, las características de nuestro tiempo. Aplíquese al procesamiento de la información, al productivismo de mercado, a la tecnocracia científica, a las desigualdades sociales o al control del pueblo.

UN ESTADO DE EXCEPCIÓN PERMANENTE

Desde la primavera de 2020, debido a la crisis de la COVID-19, un número preocupante de regímenes públicos han ejercido sus poderes soberanos fuera del marco normativo que se supone que prevalece en tiempos «normales». A la manera de Carl Schmitt, el poder soberano (ejecutivo en este caso) decreta el estado de excepción y actúa según su voluntad en nombre de toda la comunidad. Es, además, una filosofía schmittiana de tipo acelerado, como dictan los tiempos, en el sentido de que el poder ejecutivo ya ni siquiera se toma la molestia de justificar por qué mantiene el estado de excepción que le permitió asumir casi todos los poderes que, en condiciones normales, comparte con el legislativo y el judicial. De hecho, pisotea las reglas fundamentales, los principios, y se decide todo arbitrariamente, independientemente de los procedimientos que deberían obligar al poder ejecutivo a rendir cuentas. Sobre todo, no se siente en modo alguno obligado a establecer un calendario estricto o unos criterios según los cuales estaría obligado a abandonar los poderes excepcionales que se ha arrogado.[148]

Por supuesto, ningún derecho fundamental individual es absoluto. Ciertas crisis particulares permiten al Estado «justificar» temporalmente restricciones que serían inconstitucionales en tiempos normales. La queja se debe a la perpetuación de los mecanismos que justifican las numerosas restricciones que se nos han impuesto colectivamente y, como se han hecho habituales, a la fácil reiteración de tales medidas excepcionales en otros contextos. ¿Quién le pondrá límites al poder cuando se trate de abusar de sus prerrogativas en la próxima oportunidad: medicación forzosa de casos problemáticos en la escuela, vigilancia electrónica de los elementos llamados «disruptivos» de la sociedad…? La cuestión es el impacto a largo plazo de este precedente; tal condicionamiento masivo no puede dejarse en manos de una extrema derecha libertaria.

Un número extraordinario de cuestiones dependieron de un único objetivo: la lucha contra la COVID-19. Por ejemplo, limitar el pago en efectivo y favorecer el pago electrónico,[149] o el control en tiempo real de la población por parte del Estado a través del teléfono móvil,[150] o incluso permitir el acceso al puesto de trabajo solo a las personas vacunadas.[151]

La naturalidad con la que parlamentarios y ministros imponen medidas excepcionales, como si fueran simples actos de gestión, plantea un problema. Esto no es trivial: acabamos de cambiar en un abrir y cerrar de ojos el concepto de confidencialidad médica, ahora pedimos al actor más pequeño de la sociedad civil que se erija en policía sanitaria de sus semejantes, permitimos despidos resultantes de estas formas de control, se improvisan fronteras geopolíticas firmes… Quienes trabajan en casa pierden el empleo merced a determinadas legislaciones porque no han recibido dos dosis de la vacuna, aunque hayan estado confinados en sus hogares…

Independientemente de la posición que cada cual adopte sobre la pertinencia de las vacunas y la gravedad real de la situación sanitaria, las decisiones públicas que segregan a determinados grupos de la población porque se resisten a la vacunación obligatoria acaban por causar graves inconvenientes. No podemos analizarlo a la ligera. Se trata de restricciones sin precedentes a los derechos y libertades (de esas que ya se burlan periódicamente). Podemos entender el ser llamados a rebato para acometer acciones draconianas, pero también podemos sentirnos ofendidos por la desenvoltura con que los gobiernos asumen repentinamente poderes que nunca deberían tener en una crisis duradera.

Emmanuel Macron cuestionó el derecho de ciudadanía de las personas que no habían sido vacunadas,[152] lo que, dicho por el primer ciudadano, resulta gravísimo: supone negar a una categoría de ciudadanos precisamente el estatuto que garantiza sus derechos. ¿Adónde conduce este discurso del extremo centro? En definitiva, a abusos totalitarios espectaculares, pero de los que la prensa general ya ni siquiera se molesta en informar.

Al mismo tiempo, un médico y un abogado hicieron campaña abiertamente por el encarcelamiento de los no vacunados y de quienes difunden lo que consideran «desinformación».[153] En los Países Bajos, la policía disparó munición real contra manifestantes que se oponían pacíficamente a las medidas sanitarias.[154] En Canadá, las autoridades federales llegaron incluso a declarar la Ley de Medidas de Emergencia, que eliminaba las protecciones constitucionales, para acabar con una manifestación de varios días en la capital, Ottawa.[155] En la radio estatal, fueron habituales los debates y las preguntas sobre el estado de ánimo del personal de enfermería cuando tenían que condescender a tratar a pacientes no vacunados, contrariamente al juramento de hipocrático.[156] En muchos países del mundo, sin tener en cuenta el derecho constitucional vigente, se retuerce la legislación para crear efectivamente dos regímenes de ciudadanos, al hacer que los no vacunados sean prácticamente responsables de la crisis. Los chivos expiatorios seguirán siendo los pobres, los que no cuentan. Mientras tanto, nada se dice sobre la extraordinaria interconexión del aparato productivo global (industria, agricultura, turismo…) que previsiblemente expuso a las personas a la epidemia.[157]

Lo más sorprendente, vista la alegría con que las autoridades públicas y los grandes medios de comunicación mantienen indefinidamente políticas propias del estado de excepción, es la habitual aquiescencia ante los gigantes comerciales que se benefician de la situación global: las empresas farmacéuticas, por supuesto, y los grandes minoristas del comercio en línea. Los Estados no se han beneficiado en absoluto del tsunami de fondos públicos que han concedido a las empresas farmacéuticas para convertirse, por ejemplo, en accionistas minoritarios de estos grupos, para fraccionarlas y evitar los monopolios, para garantizar que paguen una parte justa de impuestos sin recurrir a paraísos fiscales y exigirles que garanticen el acceso a las patentes para incentivar la producción en los países pobres. Tampoco se dio un paso significativo en lo que se refiere al famoso impuesto sobre las ventas que los gigantes digitales logran sortear. Tampoco ninguna crítica a la forma en que nuestro régimen productivista y globalmente interconectado, así como el turismo de masas, favorecen una situación sanitaria en la que nos encontramos en manos de los poderosos. Prevalece la ultrapermisividad, sobre todo porque consiguen desterritorializar la contabilidad y ocultar numerosas operaciones en una legislación permisiva gracias, en particular, a la complicidad de los Estados tradicionales.

Además, ningún partidario del actual régimen ideológico ha asumido la responsabilidad por la falta de financiación del sistema sanitario, algo fundamental en la crisis. El estado de las instituciones sanitarias, sin embargo, forma parte de la evaluación de los poderosos que han hecho campaña activamente por la transformación de la sociedad según el modelo del gran capital, la reducción de la carga fiscal a las empresas y del papel social de los Estados. Según esta lógica, era necesario que el Estado entorpeciera lo menos posible los negocios y permitiera a las empresas que se hicieran también con multimillonarios ricos que crearan riqueza. Conocemos el modelo, debidamente enseñado en las escuelas de negocios financiadas en gran medida por el Estado: crear empleo en zonas francas de Asia o América Central donde se explota al proletariado, vender bienes obteniendo enormes ganancias en los mercados occidentales y, finalmente, acaparar tanto como sea posible los activos resultantes de dichas operaciones en cuentas de estructuras ficticias creadas en paraísos fiscales. Esto explica que, año tras año, en Canadá, por ejemplo, solo alrededor del 10% del tesoro público provenga de las empresas, cifra que incluye la contribución de las pymes, que están mucho más controladas que las grandes entidades, a la vez que nuestros empresarios «invierten» año tras año en el extranjero: según Statistiques Canada, en paraísos fiscales.

Un día, los Estados y los oligarcas a los que favorecen tendrán que asumir la responsabilidad. Era inaceptable ya en los albores de la situación sanitaria de 2020 que los Estados ricos tuvieran un sistema sanitario apenas a la altura de las necesidades públicas, como si tal servicio no pudiera tener margen de acción para hacer frente a una contingencia.

LA DERECHA VÁNDALA

Se ha convertido en un lugar común decir que la derecha conservadora se ha consolidado en los últimos años como la defensora de la libertad de expresión... siempre que le convenga.

¿Quién defendió esta libertad en Canadá cuando el Gobierno de extrema derecha de Stephen Harper, *circa* 2010, privó sistemáticamente de subsidios y apoyo a las organizaciones independientes interesadas en las humanidades, a los grupos dedicados a estudiar la situación de las mujeres, a las artes, a la Société Radio-Canada, a los museos nacionales e independientes, a las asociaciones que defienden los derechos de los palestinos, a los laboratorios que supuestamente iban a producir estudios empíricos sobre la crisis ecológica, la agencia nacional responsable del censo... al tiempo que financiaba abundantemente la industria petrolera y a muchos organismos ideológicos de derechas?

¿Alguien le recuerda todo esto al ex primer ministro cuando rompe su silencio para presentar a la izquierda radical como «nihilista»?[158] ¿Hay alguien que le recuerde a Harper el nihilismo simétrico que caracterizó las posiciones antirracionalistas que adoptó y legitimó su Gobierno? Y cuando una universidad se declara abiertamente *antiwoke*,[159] ¿no demuestra una mentalidad tan estrecha y estéril como lo es apoyar improbables cazas de brujas? ¿Quién muestra las contradicciones de la derecha?[160]

¿Dónde estaban los heraldos de la libertad de expresión cuando Valentina Azarova, invitada formalmente a ser directora del Programa Internacional de Derechos Humanos, adscrito a la Facultad de Derecho de la Universidad de Toronto, fue despedida de su cargo antes incluso de poner en orden el despacho, con el pretexto de que los organismos que sufragaban la universidad acababan de descubrir unos textos dispersos por ahí en los que ella se mostraba cercana a la causa palestina?[161] ¿Alguien de la derecha denuncia esta nueva caza de brujas que practica intensamente el movimiento sionista?[162] A nadie se le ocurre llamarlos «*wokes* de derechas».

La derecha alevosa se reviste de buenos sentimientos de una manera tan instrumental como los activistas de las causas sociales a quienes ataca. Dice importarle solo la libertad de expresión y el ejercicio de la razón, es decir, los métodos, más que las causas o las personas... La cultura de la cancelación se presenta entonces como algo específico de sus adversarios. Sin embargo, la realidad es bastante diferente. Veamos, por ejemplo, la «guerra de los libros»: esta purga que a veces llevan a cabo los puristas de la causa anticolonial, eliminando de las bibliotecas cualquier obra que carezca de rectitud moral, encuentra frecuentemente su espejo en la derecha. En Tennessee, las escuelas no toleran libros que contengan la más mínima amoralidad, como la aparición de palabrotas en una tira cómica, aunque sea una sola.[163] ¿Alguien se lo dice a la cara a los paladines de la libertad?

Sin avergonzarse por las contradicciones, estos agitadores utilizan los mismos medios liberticidas que, sin embargo, denuncian constantemente. Es cierto que, en el arte de la guerra cultural, tienden a legitimar los medios. Pero esta forma de abordar la respuesta con un tono semejante ya no es anecdótica. Envuelve a la sociedad en un clima nocivo. Lo pudimos comprobar cuando la presidenta de la importante Federación de Mujeres de Quebec (FFQ), Gabrielle Bouchard, dimisionaria, declaró en un tono más o menos serio: «Las relaciones de pareja heterosexuales [*sic*] son realmente violentas. Además, la gran mayoría son relaciones basadas en la religión. Quizás sea hora de pensar si debemos prohibirlas y abolirlas», a lo que el Gobierno conservador de la Coalición Avenir Québec (CAQ) respondió apresuradamente amenazando con cortar los fondos que concedía a la prestigiosa asociación, sin que ningún activista de derechas invocara la censura.

Más cruelmente, un bocazas de la prensa vándala de Quebec manipuló una cita del filósofo Daniel Weinstock para hacerle decir falsamente que aprobaba la mutilación sexual femenina. De hecho, se trataba de una declaración antigua en la que el autor citaba el texto de un tercero que proponía considerar formas estrictamente simbólicas de llevar a cabo la mutilación, para impedir que se llegase a producir. El objetivo estaba claro: censurar a este intelectual que también fue invitado a participar en una consulta gubernamental sobre el curso de Ética y Cultura Religiosa, contra el que lucha la derecha conservadora. El ministro de Educación excluyó inmediatamente al filósofo del foro, basándose únicamente en la crónica de aquel incendiario, y fue necesaria una protesta general para que luego presentara una disculpa, que pronunció con la boca pequeña y nadie oyó... y que no tuvo consecuencias prácticas.

También en Francia, la izquierda identitaria y la derecha conservadora saben cómo copiarse entre ellas. En el Instituto de Estudios Políticos de Grenoble (Sciences Po Grenoble), el despido de Klaus Kinzler, profesor acusado de «islamofobia» por haber cuestionado el uso de esta misma expresión en un tenso contexto interno,[164] desembocó inmediatamente en una medida punitiva del presidente del consejo regional, Laurent Wauquiez, que suspendió el apoyo financiero de la región de Auvernia-Ródano-Alpes a Sciences Po Grenoble.[165] Esta medida apresurada desconcertó a todos los profesionales de la institución, pero no molestó a ningún polemista de derechas.

Los heraldos de la derecha vándala, que se rasgan las vestiduras cuando activistas feministas, transgénero o antirracistas boicotean tal o cual iniciativa pública, se dispersan cuando activistas conservadores agresivos intervienen violentamente en instituciones educativas estadounidenses donde se enseña la noción de racismo sistémico, multiplican el número de procesos judiciales contra ellas o montan campañas para que los docentes sean filmados en tiempo real para seguir y comentar en vivo sus clases.[166] Mientras no se trate de mujeres, de minorías sexuales o antifascistas, no ven nada preocupante.

Estos polemistas que tuercen el gesto con facilidad cuando se les pregunta por la noción de «racismo sistémico» solo tienen que mirarse al espejo para comprender en qué consiste. Aquí, defender la libertad de expresión para estigmatizar las duras críticas de la izquierda progresista (podemos decir que esta no escatima esfuerzos para brindarle oportunidades a los contrarios), extendiendo esta crítica a las corrientes aún racionales que defienden la justicia social y cívica (la izquierda universalista de la Ilustración), equivale a cubrir con su silencio los abusos, a menudo mucho más significativos, de autoridades poderosas (Gobiernos, universidades, grandes empresas, etcétera) que practican, de forma generalmente discreta y sorda, una terrible censura.

Por lo que respecta al periodismo, he aquí el resumen del sociólogo Mark Fortier:

> Si esta derecha militante ataca ciertos sesgos liberales, nunca es para apoyar concretamente la independencia de las redacciones ni la importancia de un periodismo riguroso. Los denuncia porque los odia, y podría ser aceptable en una democracia, pero lo hace con un espíritu belicoso que reduce la dinámica de los medios a ataques editoriales.[167]

Y si esta misma derecha critica aquello que tanto gusta a la izquierda radical, es porque se siente en evidencia. Todo se hace para ocultar el lugar desde el que se habla. En Francia, los medios de extrema derecha dan voz sistemáticamente a polemistas cuyo origen y legitimidad están mal definidos. Así, presentan a Arnaud Stephan, excolaborador de Marion Maréchal-Le Pen, como un «comunicador», según señaló, entre otros ejemplos, Rachid Arhab, exmiembro del Consejo Superior Audiovisual de Francia.[168] ¿Y cómo no querer borrar el rastro de los lugares donde hablan? Entre sus «soldados de a pie»,[169] Vincent Bolloré cuenta con un inmigrante quebequés que se mudó a París… para criticar la inmigración. El reconocimiento étnico que subyace tras el compromiso retórico permite borrar la contradicción, al tiempo que revela un sesgo estrictamente racista.

La táctica es siempre la misma. Primero, designar oscuros adversarios de la sociedad: sindicatos, vegetarianos, ciclistas, sociólogos, independentistas, votantes de pequeños partidos de izquierda, ministerios de carácter social del Estado, grupos ecologistas… Luego, encontrar algún punto débil en ellos: palabras exageradas, manifestaciones «violentas» porque alguien rompió un escaparate, un acto simbólico de censura... Mediante el desplazamiento y la condensación, se concentra en estos pocos elementos el sentido de las intenciones políticas antagónicas, se presentan a la buena de dios y se convierten en la gran pesadilla pública. Se parte entonces de esta retórica para invalidar las tesis sostenidas por los grupos odiados: como las mujeres han logrado avances históricos, el feminismo ya no tiene ninguna razón de ser; como una organización puede haber cometido un error historiográfico al reconocer un territorio indígena, se puede negar el problema de los pueblos indígenas en América; como hay muchas presentadoras negras en la televisión, la relevancia del análisis interseccional no tiene razón de ser...

Esta derecha etérea no habla de la sociedad, sino de una representación nostálgica de ella, en la que deberíamos seguir inmersos como ranas en frascos de formol. Inmóviles por la excitación del resentimiento, el encierro en tarros de vidrio puede dar la apariencia de que se llevan a cabo acciones vitales.

En Estados Unidos, y en Francia, la extrema derecha, apoyada por determinados canales de televisión veinticuatro horas al día, siete días a la semana, y por figuras políticas públicamente prominentes, trabaja nada menos que para socavar las condiciones de vida en sociedad: exaltación de la guerra civil y la violencia, racismo sistémico impulsado con discursos civilizadores, banalización o defensa de la tenencia de armas, reducción del periodismo a la mera polémica, instrumentalización reduccionista de los procesos institucionales, desprecio por los hechos históricos y mitificación de la historia...[170]

Da muestra de ello el discurso retrógrado que la derecha vándala tiene sobre la noción de laicismo. Instrumentalizado, aparece como el caballo de Troya que camina insidiosamente hacia un discurso étnico que beneficia a la mayoría histórica. Los atributos religiosos citados como ejemplos problemáticos pertenecen sistemáticamente al universo musulmán, mientras que las referencias cristianas se presentan como histórico-culturales y patrimoniales. La pregunta entonces se vuelve obvia: ¿cuántas generaciones necesita una comunidad cultural para que sus aportaciones pertenezcan también al campo de la cultura? ¿Corresponde a la mayoría estipular unilateralmente cuál es el futuro patrimonial de las «otras» culturas, así como demarcar para siempre quién es el uno y quién es el otro? Esto es malinterpretar las cuestiones y el significado de los conceptos. Y este acto de vandalismo no solo contribuye a desfigurar la noción de laicidad hasta el punto de presentarla, desde la derecha, como un arma que se utiliza contra todos aquellos a quienes pretendemos dominar o excluir, sino, por mimetismo de lo contrario, para que sea odiado por la izquierda. Al final del proceso, el laicismo aparece irreconocible en todos los órdenes discursivos. Sin embargo, en la historia, el laicismo actúa como principio del progreso social. Pero solo tiene sentido si lo entendemos como un compromiso pacificador entre comunidades que lo consienten. De hecho y de derecho, debe establecerse como el nombre de un espacio común entre comunidades, un espacio que permita un intercambio pacífico, y no un subterfugio para expresar de esta manera ennoblecida impulsos discriminatorios o racistas.

La censura

La cuestión de las clases sociales tiene todavía un papel fundamental en las relaciones citadas. Son los actores sociales que no tienen acceso a los resortes que controlan la vida pública los que aporrean cacerolas, intervienen para interrumpir una presentación o calumnian a sus oponentes en internet. Sepamos que la censura así administrada es, desde el punto de vista de las clases sociales, obrar como pobres: el último grito en censura consiste en ejercerla sin que lo parezca. Tanto los poderes públicos como los privados que gestionan la opinión han comprendido la importancia de censurar la censura, de hacer que la censura sea tan eficaz como latente.

La financiación privada de instituciones y la firma de contratos de investigación pueden ser suficientes para silenciar un discurso público que fuera útil a los grupos dominados sin el más mínimo ruido de cacerolas. Así, el profesor de ciencias políticas Andy Hira, de la Universidad Simon Fraser (SFU) de Vancouver, de financiación mayoritariamente privada, vio cómo su institución le pedía que no publicara los resultados de una investigación en la República Dominicana sobre la explotación minera que Barrick Gold tiene allí y la opinión de los autóctonos al respecto. Hira entrevistó a treinta y ocho personas y supervisó una prolija encuesta presentada a trescientas ochenta y cinco personas más. El Instituto Internacional Canadiense de Recursos y Desarrollo, también administrado por la Universidad de la Columbia Británica (UBC) y la Escuela Politécnica de Montreal, controló el trabajo del profesor. El centro, financiado por el Gobierno federal, se opuso a la divulgación de los datos alegando que violaban un punto estrictamente técnico del código deontológico. Y, para más inri, el contrato que el Instituto obligó a firmar al profesor aceptaba el derecho de veto de las autoridades de la República Dominicana... Se podría pensar también que las conclusiones del informe no fueran del agrado de la empresa minera estudiada. El asunto pasó inadvertido; hablaba especialmente de las víctimas, de las mujeres y de las poblaciones históricamente marginadas.

En Quebec, el Tribunal Supremo ordenó a la organización Solidarité Sans Frontières (SSF) que dejara de manifestarse frente a la sede de la empresa Construction Tisseur Inc., que iba a construir una cárcel para inmigrantes. Sin embargo, la asociación protestaba pacíficamente frente la empresa sin ni siquiera obstaculizar el trabajo de los empleados.[171] En la costa atlántica, un caricaturista o un profesor pueden perder el sustento si sus trabajos desagradan a las empresas propiedad de la poderosa familia Irving, que hasta hace muy poco controlaba la prensa y tiene influencias en el mundo de la política.[172]

Gente así no necesita recurrir abiertamente a la censura para impedir que exista lo que les molesta. La cuestión de las identidades sociales parece, por otra parte, el único ámbito en el que todos pueden desatarse, hacerse notar y confiar en la victoria.

NOIR CANADA EXPLICADO A LOS UNIVERSITARIOS

Un párrafo como este no puede olvidarse una vez leído: los más graves de nuestros «múltiples problemas» son atribuibles a la actividad de las universidades, es decir, a las «instituciones encargadas de crear y sostener a la élite intelectual». El escritor Chris Hedges explica:

> Harvard, Yale, Princeton, Stanford, pero también Oxford, Cambridge, la Universidad de Toronto, el Instituto de Estudios Políticos de París y la mayoría de los más importantes centros dedicados al conocimiento ofrecen resultados más que mediocres en lo que respecta a la transmisión a los estudiantes de la capacidad de pensar y hacerse preguntas. De hecho, gracias a los filtros que son los test estandarizados, las actividades adquisitivas, el reconocimiento de equivalencias, las tutorías bien remuneradas, las escuelas elitistas privadas, los exámenes de admisión y la sumisión ciega a la autoridad, estas venerables instituciones se ocupan esencialmente de fabricar hordas de administradores competentes. [...] Se niegan a cuestionar un sistema cuya única razón de ser es su perpetuación. En estas instituciones solo cuentan la organización, la tecnología, la promoción personal y los sistemas de información.[173]

Esta cita la llevamos grabada como un recuerdo, por lo demás vívido, y tal vez valga la pena explicarla: hablo de la indiferencia de las universidades ante el destino que tuvo el libro *Noir Canada* en 2008.[174] Recordemos la historia. El libro reúne datos y testimonios producidos por muchas fuentes: organizaciones cívicas, comisiones parlamentarias, comisiones de investigación, declaraciones judiciales, documentales, reportajes periodísticos, libros de investigación... Las acusaciones que resume el libro relatan hechos sucedidos en muchos países, se leen en muchos idiomas, se dan en muchas esferas de actividad (periodismo, investigación, derecho): las empresas canadienses cometen graves abusos en muchos países africanos (contaminación masiva, atentados contra la salud pública, corrupción, colusión con los señores de la guerra, financiación de dictaduras, evasión fiscal...), especialmente en el sector minero.

El libro se limita a exponer un hecho: la existencia de una vasta bibliografía, puntualmente citada, que enumera los hechos denunciados. Y saca una conclusión, solo una: hay motivos para que las autoridades públicas investiguen, tal y como lo solicitaron los expertos encargados por mandato del Consejo de Seguridad de la ONU. En uno de los dosieres citados, incluso ellos —expertos encargados por la ONU— argumentaban que no tenían los medios para saber más. El estilo de escritura: el de la tradición crítica hoy marginada, y en tiempos reconocido por la enseñanza universitaria.

Lo que pasó después es sabido. Incluso antes de que se publicara el libro, en abril de 2008, a partir de informaciones extraídas del sitio web de la editorial Écosociété —que lo anunciaba—, la principal compañía aurífera mundial, Barrick Gold, amenazó con emprender acciones legales contra el autor del libro y los dos investigadores que colaboraron con él, contra la editorial Écosociété e incluso, a título personal, contra los miembros del consejo de administración de esta última, que es una organización sin ánimo de lucro. Publicado el libro, la empresa minera cumplió sus amenazas contra el autor, los investigadores y el editor, y exigió la asombrosa cifra de seis millones de dólares en concepto de daños y perjuicios. Banro Corporation acudió en ayuda de Barrick Gold unas semanas más tarde, ya que sus iniciativas no impiden que promovamos el libro, y presentará una demanda de cinco millones de dólares contra los citados. Las acusaciones son burdas y, por lo que hace a la segunda demanda, incluyen una extraordinaria cantidad de errores ortográficos, incluso en los nombres de las filiales de la propia empresa. Lo que se nos manda es un despropósito, pero sin embargo sirve como documento para iniciar un procedimiento judicial.

Es difícil expresar en pocas palabras el malestar que sintió la comunidad universitaria cuando le tocó decantarse por una u otra parte por culpa del libro, involucrarse en la suerte que a este le esperaba. La institución guardó silencio. Uno de nosotros perdió la beca de investigación que tenía. En lo que a mí respecta, he visto todas mis pruebas de acceso a la universidad condenadas al fracaso, muchas veces en condiciones arbitrarias o incluso completamente irregulares. Entre las universidades, Acadia me ofreció asilo político. En Canadá, solo unos pocos de entre los cientos de profesores universitarios del país firmaron, a título estrictamente individual (gracias a la voluntad del profesor de filosofía Michel Seymour), una carta denunciando el injusto acoso que sufrí. Y los filósofos liberales de la Universidad de Montreal, centrada en la ética y en la moral, denunciaron este ataque a los derechos fundamentales; se arriesgaron mucho más que los renombrados sociólogos y politólogos de izquierda de la

Universidad de Quebec en Montreal (UQAM), por ejemplo (con un puñado de excepciones). Algunos juristas también expresaron su desacuerdo... Pero todo en un contexto de malestar institucional.

Y resuena en nosotros entonces la frase de Hedges acerca de las «instituciones encargadas de crear y sostener a la élite intelectual». ¿Cuántas disciplinas universitarias están afectadas por las denuncias expuestas en *Noir Canada*? Los departamentos de geología nos abastecen de geólogos; las facultades de derecho capacitan a los numerosos abogados de las empresas y a aquellos otros expertos en litigios, algunos de los cuales se convertirán en jueces para ponerse quisquillosos por nuestro acto de lesa oligarquía; los centros de investigación en ciencias económicas producen economistas que esconderán la actividad empresarial en África bajo opacos modelos de mercado; los programas de estudio centrados en administración de empresa licencian intermediarios expertos en cuentas en paraísos fiscales. Luego, las escuelas de negocios aseguran la renovación de la horda de agentes de relaciones públicas y de gestión para garantizar, en particular a los pequeños ahorradores canadienses, el funcionamiento de estas estructuras y su capitalización bursátil mientras los departamentos que se autodenominan, sin avergonzarse, de «recursos humanos» licencian a quienes estructurarán la vida en el trabajo. Sumemos a este número los departamentos de formación de psicólogos, neurólogos y sociólogos que también preparan al personal que se dedica a la gestión y al marketing. También es probable que todos estos actores sociales trabajen para empresas influyentes que hagan formal y legalmente de *lobby* ante políticos elegidos en las urnas. Los antropólogos estudiarán las poblaciones afectadas. Es posible que los filósofos y especialistas en medio ambiente desarrollen programas de «responsabilidad social corporativa», «aceptabilidad social» y «ética empresarial», entre otras baratijas pertenecientes a la quincallería de la «gobernanza», para lograr que den buena imagen. En resumen, los campos en los que la universidad puede ofrecer colaboración son infinitos. Y, por tanto, se siente incómoda cuando criticamos a los beneficiarios de tal sistema educativo, una comunidad no acostumbrada a morder la mano que le da de comer.

Por no hablar de los más abiertamente cínicos. Durante el proceso, que duró de 2008 a 2011, ¿acaso no fue patético leer el informe pericial que alguien, el profesor Marc-François Bernier, defensor público de la libertad de expresión, había accedido a escribir subrepticiamente en nombre de Barrick Gold, en el silencioso secreto del procedimiento? ¿Cuánto le pagaron al autor? El argumento del «experto» se limitaba a apoyar a Barrick en el proceso judicial para aplastarnos y llevar a la quiebra a la editorial Écosociété, incluso si eso significaba destruir su catálogo, bajo el pretexto de que nuestro trabajo no era lo suficientemente «científico» para su gusto. ¿La culpa? No haber citado suficientes científicos. Por tanto, su lectura de la ciencia se redujo a una comprensión puramente legitimista de la producción de conocimiento. Había que ser profesor o investigador certificado para que lo que dijera «contase». Obviamente, tal enfoque descalifica inmediatamente a toda una disciplina, en este caso la sociología. Pero, desgraciadamente para él, el colaborador de Barrick Gold tuvo la imprudencia de confiar en la metodología del profesor del HEC Montreal Omar Aktouf, quien, sensible a nuestra causa, le había respondido con una segunda opinión, esta sí, rigurosa:

> Al leer *Noir Canada* resulta obvio que no estamos ante una obra «positivista» o un libro de «ciencias naturales». Sin embargo, el señor

Bernier reduce a este tipo de cuestiones, a haber utilizado una metodología inadecuada, sus críticas a Alain Deneault. Estas dos corrientes epistemológicas son enteramente específicas, pero el señor Bernier establece sus principios como si fueran valores universales exclusivos. Nada indica remotamente que *Noir Canada* aspire a un tipo de conocimiento enciclopédico, a la manera de un Auguste Comte. No se trata de eso, en absoluto. En *Noir Canada* no se pretende una clasificación definitiva, ni un conocimiento empírico, ni un sistema funcional, ni una síntesis del conocimiento en forma de evaluación universal. Por el contrario, Alain Deneault y sus colegas se limitan a un solo hecho: la «abundancia» de fuentes, suficiente para exigir formas de investigación (una comisión pública) más incisivas que aquellas para las que no está preparado ni cualificado, ni él ni un colectivo de investigadores independientes. Por tanto, es completamente inaceptable reducir la palabra «ciencia» en este contexto únicamente al conocimiento «convincente» del que habla el Sr. Bernier y luego descalificar cualquier propuesta que no se ajuste a este enfoque dogmáticamente «positivo». [...] El Sr. Bernier no se procuró los medios para comprender la originalidad del enfoque de *Noir Canada,* así como la especificidad de su argumentación. Lo constato con conocimiento de causa porque el Sr. Bernier me cita como fuente de autoridad, pero distorsiona sistemáticamente el sentido de mis propuestas metodológicas, ya que estas se refieren, me atrevo a decir, a un «objetivo» completamente diferente: el de los estudiantes que desean «aprender» los conceptos básicos, que quieren dar sus primeros pasos —académicamente— en el mundo de la investigación. [...] Nos ofrece una lectura que podría calificarse como dogmática de las cuestiones de los métodos en las ciencias sociales, que resume impropiamente bajo el nombre de «reglas del arte».[175]

Esta larga cita no concierne solo a nuestro caso, sino a un fenómeno más amplio, el de la complicidad de los científicos

—habitual, aunque afortunadamente no endémica— con esferas de actividad que se escapan por completo de un control crítico. Insiste Hedges:

> Las universidades de élite desprecian el trabajo intelectual riguroso, que por naturaleza desconfía de la autoridad, defiende ferozmente su independencia y alberga un potencial subversivo. Dichas universidades fragmentan el conocimiento en disciplinas altamente especializadas que ofrecen respuestas específicas dentro de estructuras rígidas.[176]

Con demasiada frecuencia esconden sus prácticas en una forma muy engañosa de restricción mental: la creencia de que la acción científica se reduce a un positivismo útil para la gran industria y las altas finanzas.

¡FASCISTA!

«¡Perooooooo usted preconiza una solución fascista!», grita e interrumpe al orador con quien comparte la tribuna. «Fascista»... Esta réplica elegante proviene de un profesor universitario. Cuando uno se ha desacostumbrado a frecuentar a los profesores de universidad comprende, gracias a este exabrupto, que se han rebajado a la cultura del anatema. A fuerza de tuits incendiarios, blogs vitriólicos, ataques de ira y filípicas impulsivas, en estos círculos se está volviendo habitual llevar el debate a un clima deletéreo.

Conque «fascista»... Ahora soy yo quien debe lidiar con esta atronadora sinrazón. Ya no es ni siquiera la vulgar inepcia lo que destaca, sino el testimonio de alguien que, por muy erudito que sea o haya sido, ha perdido claramente la orientación y el sentido de las palabras. «Fascista». ¿Qué hice para merecer esta infinita culpa ante sus ojos?

Pasó en una mesa redonda organizada en 2019. Me pidieron que hablara acerca de los paraísos fiscales. El grosero, en cuanto sociólogo, viene a hablar de «gente», «gente que ya no está interesada en lo común», «gente que ya no cree en el Estado»... Estas generalidades, contra las que alertamos a los estudiantes de sociología en los Collèges d'Enseignement

Général et Professionnel (CÉGEP), se expresan aquí en nombre de un discurso sobre lo común, en un contexto de nostalgia socialdemócrata con un poco de nacionalismo.

En este caso, antes de que alguien me atacara con armas cortas, la discusión informal me llevó a indicar, respecto a los sujetos políticos occidentales, una evidencia sociológica, es decir, que además de su capacidad de pensar, deliberar y decidir —facultad establecida de manera muy desigual en nuestros sistemas, ¿hace falta recordarlo?—, hay circunstancias y acontecimientos en nuestra historia que pueden perturbar el pensamiento y provocar mutaciones intelectuales. «¡Solución fascista!», afirma el profesor, a pesar de la gravedad del epíteto, y a pesar de la terrible importancia del sustantivo en la historia de los fascismos. Guardo silencio ante el eco de tal insulto. Porque, al final, sería humillarse —el agresor lo sabe— el tener que explicar cómo intenta argumentarse nuestro razonamiento, ajeno a cualquier caracterización «fascista». Además, la proposición así brutalmente interrumpida ni siquiera se enmarca en el régimen de las «soluciones».

Para protegernos contra este tipo de estigma, frente a estos autoproclamados defensores de la «identidad», ¿habrá que silenciar todo lo que no sea «idéntico» al corpus de sus ideas? ¿Callar, en este caso —ya que de eso se trataba antes del ataque—, el fenómeno de los desastres ecológicos, la escasez de alimentos, las crisis petroleras, entre otras situaciones históricas que, como tales, trastocan y modifican los modos de intelección con los que abordamos y organizamos el mundo? Vivimos en un régimen político en que las condiciones de posibilidad están amenazadas por una crisis ecológica que ya está en marcha: erosión del suelo, deforestación, avance de los desiertos, calentamiento climático, derretimiento de los glaciares, aumento de las inundaciones, desaparición de especies…

El pensamiento inherente a este régimen también corre el riesgo de modificarse y de dar lugar a transformaciones históricas en el mundo de la intelección. Es posible que cambie nuestra relación con el mundo a medida que la crisis ecológica lo transforme radicalmente… ¿Deberíamos callarnos, callar lo que Hannah Arendt incluyó en la categoría de «la fuerza de las cosas», en oposición a los actos políticos relacionados de una forma u otra con una voluntad subjetiva?

«¡Fascista!». La palabra se vuelve así, sin apelación, contra la credibilidad de quien la utiliza. El fin justifica aquí los medios; en este caso, arrebatarle la palabra al adversario. Sorprendente en un profesor que se atreve a quejarse públicamente en otros lugares de que los activistas radicales practiquen la censura política en Montreal.

«¡Fascista!». Porque el profesor está molesto. Su afirmación (muy) general se trata menos de un principio que de un deseo vano: ¡Ah! Si los sujetos políticos deliberaran en una relación cristalina con los objetos con los que viven para hacer políticas claras en el concierto institucional de decisiones armoniosas… Pero vayamos más allá, no porque cuestionemos la naturaleza deseable del encantamiento, sino porque lo trivial nos molesta, y entonces nos volvemos «fascistas».

De repente, ya no tenemos delante a una persona, sino una pared. Sorda incluso ante lo que, sin embargo, debería merecer su aprobación. Por ejemplo, la relevancia de la cuestión de los paraísos fiscales desde un enfoque que defiende la identidad, lo común, lo colectivo. Los activos de los bancos y de las multinacionales que desarrollan sus actividades al margen de cualquier régimen legal se cuentan por miles de millardos de dólares. He aquí un tema de interés general que podríamos discutir. Estados como Bermudas, Panamá, Liberia, Delaware y Luxemburgo nos llevan a comprender la doble cara de las instituciones públicas y el callejón sin salida en el que se encuentran la mayoría de los parlamentarios. Con este ánimo, funciona un sistema (independencia de los bancos centrales, acuerdos de libre comercio, constitución de multinacionales capaces de existir simultáneamente a ambos lados de las fronteras territoriales, bancos detentores de deuda y principalmente capaces de emitir moneda, tribunales privados para resolver disputas entre los Estados y las multinacionales, etcétera) destinado a hacer que el parlamentario recién «elegido democráticamente» sea incapaz de revertir, apoyado en la voluntad constitucional, ciertos métodos de funcionamiento que se han vuelto autónomos. Los paraísos fiscales representan el apogeo del capitalismo financiero contemporáneo: ahora son países enteros, o legislaciones regionales, los que conscientemente permiten la presencia de actores que están limitados en otros lugares (por Estados «democráticos») para llevar a cabo operaciones sin restricción alguna. En dichos Estados podemos evadir impuestos, poner a trabajar a los niños, aumentar los márgenes de riesgo de una inversión, contaminar a nuestro antojo, administrar la corrupción de los funcionarios públicos... Estas legislaciones caricaturizadas no se oponen a los Estados tradicionales, los complementan; son sus descendientes. Fueron creadas para permitir que una oligarquía se beneficie de marcos anómicos y, al mismo tiempo, aproveche las ventajas que el Estado de derecho todavía tiene para ofrecerle cuando vuelva a casa. Cualquiera que se interese por el Estado de derecho y las instituciones públicas no puede dejar de lado esta cuestión.

¡Pero no! La amenaza que los paraísos fiscales representan para los Estados-nación y lo que queda de los logros de la socialdemocracia también debe ser censurada, tan pronto como el mensajero nos parezca hostil. El fenómeno parece demasiado grande a ojos de quienes se han acostumbrado a protestar contra los actores sociales que los rodean y que no son «idénticos» a los retratos típicos que los obsesionan. Por tanto, el profesor se contenta con rechazar la importancia que tiene la cuestión con un convincente: «¡Es que no estamos hablando de eso!», como si fuera algo que no se pudiera argumentar. La posición explícita del interesado al respecto es olvidar este problema y atenerse a qué hace el Estado tradicional con lo que hoy queda de sus débiles prerrogativas.

Por tanto, hay que recordarle al profesor que nunca hubo una época dorada en las relaciones entre el Estado y el pueblo. Y que intentar, mediante contorsiones intelectuales, volvernos «idénticos» a este fantasma es una pretensión vana. Con una pistola en la sien, así consintió el pueblo a lo largo de la historia «reconocer» la soberanía de los conquistadores sobre el territorio y las personas. Pero es cierto que el profesor rechaza de plano a cualquier autor que se haya «radicalizado» pensando así.

Conocemos, por lo demás, el debate histórico de la izquierda: los socialdemócratas creían en un progreso posible gracias al sistema electoral y al control del aparato estatal —aparte algunas ventajas en las carreras profesionales de los defensores de este sistema—. Por su parte, los revolucionarios comunistas o anarquistas lo vieron como una forma paradójica de suavizar y adaptar el capitalismo para favorecer la adhesión de las clases dominadas a un régimen que, sin embargo, continuó explotándolas estructuralmente.

La polémica entre Rosa Luxemburgo y Eduard Bernstein resume por sí sola todo este problema.

La relación es compleja, el profesor la conoce íntimamente y no se puede resolver con pequeñas frases y anatemas. Al menos podemos concluir que no todas las épocas favorecen el progreso del sistema parlamentario, con el equilibrio de poder que vincula al Estado capitalista con los dominados. Hay muchas razones para creer que el régimen llega a respetar al proletariado solo si este amenaza con romper completamente con él.

Por tanto, al interesado no se le ocurre que los anarquistas, los autonomistas, los fundadores de pueblos camino de la transformación, los líderes de zonas que hay que defender y los activistas que levantan barricadas frente a minas o frente a campos de extracción de gas o petróleo puedan estar enamorados, incluso más que él, del republicanismo, de la democracia en sentido estricto, de los lazos institucionales... Las nuevas formas de organización, vivas y prometedoras, que surgen de estos laboratorios y de estos experimentos no pueden explicarse por la falta de interés por la cosa pública, sino, al contrario, por un renacer creativo y valiente de estos principios, precisamente porque no se expresan de manera «idéntica» a como lo hacen las formas ahora ya escleróticas. Tantos intentos no le deberían parecer triviales a un sociólogo serio. Despreciarlos es solo una forma de ocultar la incapacidad de comprenderlos.

Sin embargo, ¿quién sabe cuál será el impacto de las instituciones en un mundo no tan lejano al nuestro y en el que el petróleo dejará de ser abundante y accesible? ¿Quién sabe cómo se desarrollarán estos foros —que ahora se dedican a ello a pequeña escala, pero con una perspectiva amplia e incluso revolucionaria— en un mundo donde la crisis ecológica llevará a limitar los desplazamientos, a la *lowtech,* al decrecimiento y a la transición energética? Los grandes países, que son los amos de la globalización financiera, ya no tendrán ninguna razón de ser en un cambio de paradigma tan severo. En rigor, no serán más que una autoridad entre otras, debilitada, en el entramado institucional en el que ya nos encontramos, donde un gran número de instancias (bancos, multinacionales, mafias, redes de colaboradores externos) se reparten el poder.

Pero no deberíamos hablar de estas «soluciones fascistas». Porque una generación observa que su marco de referencia se derrumba rápidamente y, como prefiere no aceptarlo, ataca a todos aquellos que hacen balance de estos cambios y tienen la mala fe de integrarlos en sus análisis. Sería mejor callar y tratar de convertirnos en hermanos gemelos de quienes se arrogan el derecho de utilizar anatemas violentos contra los demás.

LA PERSONA «MORAL» Y SU «ÉTICA» DE LOS NEGOCIOS

Partamos de un caso extremo, porque es elocuente: Egon Zielke es uno de los soldados nazis que aprovecharon el encierro de los judíos polacos en los guetos en 1940 para extorsionarlos y conseguir dinero a cambio de comida. Después de la guerra, en un gran esfuerzo por racionalizar, relativizó y justificó su comportamiento así: «Lo vi desde el punto de vista del hombre de negocios».[177]

El interesado aclara entonces lo dicho: dadas las circunstancias, habría sido una estupidez no cambiar alimentos por joyas que sus propietarios, en una pobreza extrema, no necesitaban, ya que vivimos en un mundo en el que, por regla general, todos buscan enriquecerse.

El testimonio es relevante desde el punto de vista de las tácticas retóricas que utiliza. Lo que la confesión quiere, a través de esta referencia a ciertas prácticas comerciales, es basar su práctica en lógicas que escapan a las estrictas directivas de la barbarie nazi. Intenta limpiar su reputación con el siguiente argumento: mi comportamiento no refleja en modo alguno la violencia ciega que se practicaba en aquel momento. Astutamente, adopté una actitud superior, la del espíritu empresarial —validado en todos los regímenes desde el comienzo de la modernidad— y, por tanto, extrínseco a las prácticas brutales del régimen alemán. Trascendí estos métodos, subraya el testigo. Como todo el mundo, me dediqué a hacer negocios.

Puede parecer excesivo volver a aquel momento de la historia para hablar de la legitimidad empresarial. Sin embargo, esta reivindicación de la plena legitimidad de las empresas, de la legitimidad específica del hecho de hacer negocios, se ha seguido invocando desde entonces en condiciones históricas muy preocupantes. ¿Qué dijeron los representantes de la multinacional energética Total cuando se supo que en los años noventa la junta militar birmana había obligado a niños, mujeres y hombres pobres a realizar trabajos forzados para la construcción del gasoducto Total que conecta Tailandia con el golfo de Martaban? «El mapa de yacimientos de hidrocarburos en el mundo no coincide con el de los regímenes democráticos»; «la misión de Total no es instaurar la democracia en el mundo; no es nuestro trabajo»; «una retirada forzosa solo habría llevado a que se nos sustituyera por otros operadores, probablemente menos respetuosos que nosotros con una determinada ética».[178] Cuando las operaciones gasíferas, petroleras, mineras o agroindustriales conducen a la esclavitud, a las guerras civiles, a la corrupción… aparece la retórica de la «economía o…». Es decir, ponemos en una balanza imaginaria la «economía», en un plato, y todo lo demás (junto o por separado) en el otro. La legitimidad de los negocios, mal traducida al lenguaje ideológico con el término «economía»,[179] logró erigirse como autónoma y soberana respecto a otros campos.

Es ciertamente sorprendente ver hasta qué punto las empresas han sabido situarse por encima de las reglas morales más elementales para luego ponerse del lado de quienes las transgreden. Esta prótesis espiritual sirvió como pasaporte para cometer lo peor y justificarlo. Un vuelco total de la lógica elemental consiste entonces en presentar como legítimo y moral un modo de actuar completamente contrario, en su esencia, a la moralidad. Equivale a decir: sí, me comporto de manera decididamente contraria a cualquier código moral, pero estoy por mi parte legitimado para actuar de esta manera, y me muevo en un ámbito excepcional no basado en código moral alguno y que, incluso, anima a que nos alejemos de él. Además, esta inversión del principio lleva a su vez al término «legitimidad». En este estado de la cultura empresarial, los semas «moral» y «legitimidad» adquieren el estatus de enantiosemia, así como la palabra *hôte,* en francés, se refiere tanto al invitado como al que invita, y el verbo *remercier* designa tanto el hecho del agradecimiento como el del rechazo.

La ética empresarial como refuerzo

A posteriori, en la «ética empresarial» nos preguntamos cómo superar la división, cómo conciliar la moral elemental tal como la han tratado la teología o la filosofía a lo largo de la historia y las misiones confiadas a los empleados de una empresa. El enfrentamiento es, además, frontal. Sucede incluso que, sabiamente, los especialistas en ética empresarial basan en la teoría esta oposición evidente entre la moralidad tradicional y la que la comunidad empresarial se ha arrogado. Por ejemplo, reducen la moralidad a casos individuales de conciencia, como en la malversación de fondos de la que se responsabilizó a un empleado: si el proceso es «jurídicamente reprobable», reconocen, no deja de ser «moral desde el punto de vista de la empresa», en la medida en que la entidad para la que trabaja se beneficia de la forma de trabajar de su empleado, pues el objetivo final del trabajo de este son los beneficios e intereses de quien lo emplea.[180] Por lo tanto, puede resultar moral el ser inmoral cuando uno lo es en beneficio de una entidad que ontológicamente ignora la moral. Esta aberración del pensamiento y del espíritu supera la prueba con la condición de reducir la moral a una casuística individual y de elevar la empresa a un rango más alto que los objetivos sociales.

Jean Moussé, especialista en ética, cita el caso de los empresarios que se esconden detrás de lo que dice literalmente la ley para defender la legitimidad de sus acciones. «¿Puede un petrolero que confía una carga a un transportista poco fiable no considerarse responsable de los daños causados por un naufragio una vez que una institución autorizada ha dado el visto bueno para la salida del barco?», se preguntó cuando el petrolero Erika, fletado indirectamente por Total, provocó una importante marea negra frente a las costas de Bretaña, en Francia.[181]

Sobre estas cuestiones, Jennifer Abbott, Mark Achbar y Joel Bakan formulan una hipótesis sin adornos y sin autocensura.[182] Buscaban comprender el perfil psicológico de la gran empresa globalizada en la medida en que ha adquirido, en la modernidad, el estatus de «persona» y —ironías de la historia— de «persona moral». Su pregunta: dado que, en la empresa, tratamos legalmente con una «persona», ¿cuál es ese curioso monstruo al que se han sometido los sujetos políticos modernos? La respuesta es fría y cruel: la empresa es una persona psicópata: manipuladora, megalómana, narcisista, encerrada en perspectivas de corto alcance, incapaz de arrepentirse, carente de cualquier sentido de responsabilidad, insensible al sufrimiento de los demás, pero muy sensible a lo que atañe a sus intereses. Los autores se basan, en particular, en la interpretación que hace el psicólogo Robert Hare.[183]

La genealogía contable de la moral

Sorprendentemente, la historia nos enseña que estas contradicciones entre la moralidad elemental y la persona moral son solo aparentes. La historia en cuestión es sobre todo la que reveló el filósofo Friedrich Nietzsche en *Genealogía de la moral.* Apunta, en vísperas de la entrada en el siglo XX, que el dominio de la moral, en su modalidad funcional e instrumental moderna, así como el universo contable y mercantil prevaleciente en nuestra época, no se presentan de manera autónoma. Una aleación paradójica y perversa con el dominio de la moralidad preside la aparición del espíritu empresarial en la historia. «La noción moral fundamental de "culpa" tiene su origen en la noción muy material de "deuda"».[184] Le siguió un largo desarrollo: una teoría sobre la equivalencia de culpas y castigos en detrimento de actuar libre de cualquier consideración incluso mínimamente contable. Pero los fundadores y turiferarios de este sistema moral obran en su interés. Se trata de elevar al rango de valores un cierto número de directivas y objetivos que sirven a una determinada clase, para subyugar, humillar y desanimar a quien no esté de acuerdo con ellos.

De este modo, en la historia no ha existido nada parecido a «la» moralidad, en el sentido de un estado espiritual y un régimen de pensamiento único que habría abarcado las diferentes épocas en Occidente. Esta moral monolítica que los autores de obras sobre «ética empresarial» pasan por alto sistemáticamente, como una ayuda superficial para la memoria, no tiene correspondencia histórica. Más bien, la palabra «moral» pasó a abarcar realidades heterogéneas. Antes de que nosotros, los modernos, nos adueñáramos de ella, la moral presuponía una actitud de promesa y de grandeza, por ejemplo, la de la elegancia en el comportamiento, posible gracias a siglos de trabajos y sufrimientos atroces, una «prehistoria» incompatible con nuestras modalidades sociales, según las cuales el desencadenamiento de los instintos se veía como ofrenda a los dioses. Ningún cálculo, ningún espíritu contable, ninguna equivalencia podría existir en la vida para medir los castigos a los que podrían ser sometidos los sujetos desafortunados, por razón de los «errores» que habían cometido o los «valores» que habían pisoteado. La causa se reduce a la idea de una equivalencia «de sufrimiento y pena»[185] cuando un sujeto se encuentra formalmente endeudado con respecto a otro, escribe Nietzsche. «La relación contractual entre el "acreedor" y el "deudor" que existe desde que hay "sujetos de derecho", y que a su vez se refiere a las formas primarias de compra, venta, trueque y comercio»,[186] es la base del modelo moral occidental. El placer del castigo entra en juego cuando un sujeto que se ha comprometido ya no puede pagar la deuda.

> Para inspirar confianza en su promesa de reembolso, para dar prueba de la seriedad y sacralidad de su promesa, para inculcar en su conciencia la obligación de pagar como un deudor, este empeña en virtud de un contrato con su acreedor, para el caso en que no pagara la deuda, algo que todavía «posee», algo que todavía tiene en su poder, por ejemplo, su cuerpo, su esposa, o su libertad o incluso su vida [...]. Ahora bien, el acreedor podía, de hecho, infligir al cuerpo del deudor toda clase de ultrajes y torturas, por ejemplo, recortando lo que le pareciera adecuado al importe de la deuda. A este respecto, hubo estimaciones exactas desde muy pronto y en todas partes, llegando a veces a los detalles más mínimos de manera horrible, refiriéndose según la «regla» a los miembros y a las partes del cuerpo [...]. La equivalencia se obtiene cuando en lugar de una ventaja que compense directamente el daño (es decir, en lugar de una compensación en dinero, tierras o

> propiedades de cualquier tipo), se concede al acreedor una especie de sensación de bienestar, la sensación de bienestar que proporciona la capacidad de satisfacer el propio poder sobre un ser impotente, el placer de «hacer el mal por el placer de hacerlo».[187]

Se entiende que en una escala que comprenda pueblos enteros, la línea que separa la privación de bienes materiales, tierras y propiedades y el sufrimiento atroz que describe el autor se hace muy delgada.

Nietzsche recuerda tiempos con otro tipo de moral en que los poderosos que no estaban necesitados se enorgullecían de perdonar deudas, ya fuera a nivel material o relacionadas con la integridad física. La moral antigua es la de la grandeza de espíritu, del poder no en el sentido de dominar a los demás, sino de lo que constituye la dignidad humana. Fortalecido por el ejemplo de mi pasado a medida que he asimilado lo que he conseguido, soy capaz de prometer, de la grandeza, del poder.

Y entonces apareció la moralidad moderna. Nietzsche la presenta como algo declaradamente contable, en el sentido histórico, donde aparece al mismo tiempo como desarrollo del mundo comercial y su régimen de equivalencia, y en conexión con él. Por primera vez en la historia, un acreedor se complace en causar dolor a un deudor devenido insolvente haciéndole sufrir penas equivalentes a sus culpas y a sus deudas. Se trata entonces de una fiesta, una celebración del resentimiento y de la mezquindad ante el espectáculo del sometimiento ajeno. El «sufrimiento» se convierte en «compensación de la deuda» e incluso se erige como motivo de regocijo, antes de fundar una casuística privada ligada a la figura divina. Moralidad es el nombre en clave de esta relación de dominación contable.

Nietzsche moviliza entonces un régimen metafórico vinculado al mundo comercial para pensar la culpa como deuda (alrededor de la etimología alemana de *Schuld* y de *Schulden*) entre acreedores que tienen autoridad para definir los términos de moralidad y deudores que deben pagar continuamente un tributo a estos moralistas en el poder.

Entramos entonces en un período mediocre, donde los débiles elevan sus pequeños métodos contables al rango de valor: la culpa, la deuda, el juicio y los castigos correspondientes llevan a los sujetos a interiorizar a un pequeño censor que los acecha constantemente.

Pero queda algo no pensado que Nietzsche intentará aclarar crudamente: este sistema de moralidad es juez y parte, es la dimensión interesada de su propio desarrollo.

Una nueva especialidad: la ética empresarial

Gracias a esta contradicción operativa crecerá el campo en el que sembrar una nueva especialidad: la ética empresarial. Su objetivo es proteger el mundo empresarial contra prácticas, actitudes, discursos y métodos que, a largo plazo, podrían contribuir a su ruina. Estamos entonces muy lejos del pensamiento de Nietzsche, que específicamente liberó la moral de los intereses contables. Estamos aún más lejos de Baruch Spinoza, el maestro en la materia para quien la ética, a diferencia de la moral, partía de un postulado sobre el papel imperativo de la razón en la organización de las relaciones constitutivas de los sujetos, que «aumentan el poder del ser», es decir, los hace mejores, más sensibles, más despiertos, más vivos, más dignos, más grandes. No se trata, por tanto, de un régimen de creencias, ni siquiera de una filosofía, sino de un enfoque estratégico relacionado con las costumbres de una época. La pregunta que subyace a esta «ética empresarial» es: ¿qué nos permite hacer la moral respecto a nuestras empresas de capitalización financiera tan deseosas de poder? En este sentido, el principal argumento a favor de la ética empresarial en los distintos libros, manuales y artículos publicados consiste precisamente en presentar la ética como un buen negocio. Como un enfoque propicio para hacer buenos negocios. O, dicho de otra manera, como una inversión que en ocasiones debes aceptar si quieres alcanzar tus objetivos comerciales.

Entre mil ejemplos, el «¿Que sais-je?» de Jean-François Daigne sobre la cuestión recuerda que «en ausencia de normas éticas que garanticen su correcto funcionamiento, muchos mecanismos económicos y muchas empresas al final solo obtienen resultados mediocres».[188]

Octave Gélinier aborda de lleno el «valor añadido de la confianza» que un comportamiento llamado «ético» produce a largo plazo, expresión que, solo faltaría, imprime en negrita.[189] La ética, se dice en otro libro, hace que la empresa «no solo sea más agradable en el aspecto humano, sino también más eficiente en el económico».[190] Una breve guía práctica sobre el tema destaca, por su parte, las ventajas de la ética en lo que respecta a la gestión de personal, las relaciones con proveedores y las relaciones públicas con los clientes.[191]

Aunque sea más sutil y tenga menos intereses, Amartya Sen, en sus escritos sobre la cuestión, afirma: una sociedad en su conjunto debe valorar reglas de comportamiento moralmente apropiadas para promover el clima de confianza del que depende en última instancia el desarrollo empresarial. Retomando las figuras del carnicero, el panadero y el comerciante de cerveza que trabajan por interés personal y no por pura preocupación humanitaria, Sen declara que estas figuras no tienen ningún significado, incluso en la obra de Adam Smith en la que aparecen, excepto por su función en un marco social llamado «ético». «El cuidado que las diferentes partes ponen en su propio interés puede, sin duda, "motivarlos" a todos para participar en un intercambio del que se beneficiará cada uno de ellos. Pero el buen funcionamiento de este intercambio dependerá también de determinadas condiciones organizativas», es decir, de un orden ético a escala social.[192]

Visto así, el campo de la ética empresarial remite potencialmente mucho más a una economía de la moral que a una simple casuística de los directivos de las empresas. Por un lado, la ética sale a cuenta, porque nos recompensa en contante y sonante cuando demostramos ser éticos: nuestro personal trabaja mejor porque nos aprecia y nuestros clientes se vuelven leales porque creen en nosotros. Por otro lado, más allá de las estrictas operaciones comerciales y monetarias, es la sociedad, su organización y su ideología, la que hace posible la confianza de la que dependen los operadores para funcionar.

Se hace patente una modalidad analítica particular, la de lo «aceptable». ¿Qué es lo aceptable en una empresa, desde el punto de vista de la moral? ¿Dónde comienza el juicio público? ¿Dónde se verifica la desconfianza de los empleados? ¿Llegados a qué punto se enfadan los proveedores? ¿Cuándo una empresa se vuelve indeseable, incluso digna de sabotaje? Si una empresa pierde el rumbo y «se acerca a lo inaceptable», ¿significa esto que se «arriesga perder el honor, la credibilidad y la conciencia en todos los niveles de la jerarquía»?[193] Para responder a tantas preguntas inquietantes, los empresarios deben rodearse de especialistas en ética, quienes les iluminan sobre «lo que el entorno (ley incluida) y la conciencia de los actores sociales consideran aceptable o no».[194]

Este cuestionamiento coincide con el criterio de «aceptabilidad social» de la teoría de la gobernanza, un tipo de gestión destinado a someter toda la realidad social a métodos de gestión específicos del ámbito privado.[195]

La periodista especializada en asuntos jurídicos Delphine Iweins apoya la reflexión hasta el punto de presentar estos fenómenos consuetudinarios como incluso más importantes que el derecho vinculante. Dejemos que la firma Total se libre en el terreno jurídico, con su ejército de abogados y sus recursos ilimitados, cuando organizaciones independientes la acusan en nombre del «deber de control» por sus actividades en Uganda, tenidas por ecocidas y liberticidas; librarse no impide que el espíritu de la ley prevalezca a escala social, cree la autora. Y continúa: debido a la evolución de la moral, las empresas adoptan normas éticas que no pueden obtenerse de manera convincente en los tribunales. «El miedo a que los consumidores o los futuros empleados den la espalda a las empresas incluidas en la lista negra parece más eficaz», leemos en el texto de Iweins publicado en el periódico *Les Échos*. «Para seguir siendo atractivo, es mejor demostrar la mayor transparencia y expresar que se mantiene el compromiso con sus estatutos. Algunas empresas, como Atos, Danone, Veolia, Carrefour, Orange, Michelin e Yves Rocher, lo comprendieron perfectamente».[196] El artículo no explica por qué Total, que no figura en su lista, no sufrió la reacción de un público virtuoso, perplejo por su comportamiento controvertido, cuando fue escandalosamente exonerada por los tribunales.

Los especialistas en ética empresarial llegan incluso a sugerir que, hoy, le toca a las empresas promover la ética y actuar como sus mejores guardianes. Como los movimientos de protesta de 1968 supuestamente arrojaron por la borda la moral elemental, solo la empresa puede constituir hoy un entorno en que se reorganizan las reglas del derecho para reemplazar la «vieja Moral [...] echada al estercolero». Descubre que, más allá de su misión productiva y comercial, debe «producir bienestar social y enriquecer las relaciones humanas». De ello se desprende una triple relación con una «Moral» restaurada por ella: se dibujan primero las posibilidades de funcionamiento de la empresa, luego la aplicación de un derecho positivo y, finalmente, una serie de principios tomados de la Biblia sobre las virtudes del trabajo.[197] Con tales pretensiones, a los especialistas en ética empresarial les resulta fácil cubrir de legitimidad la explotación de un petróleo especialmente negro y sucio —y destructivo para la nación Cree, que vive cerca del lago Lubicon— como el de Alberta, en el oeste de Canadá. Ezra Levant se atrevió a titular *Ethical Oil: The Case For Canada's Oil Sands* un libro que disfraza de virtud un sector criticado, sin embargo, en todo el mundo.[198]

Qué más da. Así rezan, como sonámbulos, los especialistas en ética empresarial, abogados y periodistas. Sin embargo, basta con darle la vuelta al problema tal como nos lo presentan para darse cuenta de la gravedad... y de la debilidad de los argumentos aportados. En la ética empresarial, la línea ideológica afirma que se debe ser ético «porque» resulta rentable. Por tanto, debemos entender que solo puede haber ética «si» esta es rentable.

La ética se convierte, entonces, en una dimensión de la vida de la empresa, que esta administra en el apartado de «gestión de imagen». La empresa toma como si fuera un activo esta ética que se le atribuye en forma de certificado de buena conducta. Se rodea de asesores para evaluar los riesgos que corre al hacer lo que se propone hacer, caiga quien caiga. Por tanto, la ética es estrictamente un indicador de riesgo, estudia los obstáculos y los inconvenientes. Participa solo en el capítulo de la subjetividad gerencial. La ética de los negocios consiste entonces también en una prótesis psicológica que da buena conciencia al empresario, que puede presumir de haber «hecho ética», «asistido a seminarios de ética», al margen de sus actividades de gestión.

La ética en cuestión no tiene nada que ver con las convicciones, sino con un conjunto de tácticas destinadas a satisfacer vagas expectativas públicas. Basta con que al pueblo se le distraiga con las campañas de marketing hábilmente desarrolladas por los especialistas a los que recurren las grandes empresas, que se muestre indiferente ante cuestiones en las que no se detiene espontáneamente, que ignore los entresijos de expedientes complejos pues, en cualquier caso, está demasiado absorto en los problemas cotidianos... para que una empresa dé rienda suelta a sus pasiones más viles, a sus más bajos instintos, a sus intereses más condenables. La ética así instrumentalizada está enteramente sometida al imperativo de la rentabilidad. Pero conviértala en soberana y, por el contrario, verá que podría imponerse hasta el punto de abolir incluso el régimen de rentabilidad ilimitada que en la historia lleva el nombre de capitalismo. Un sentido de la ética anclado subjetivamente, compartido en la intimidad, consecuente en el aspecto filosófico, podría llevarnos a un razonamiento lo suficientemente libre como para concebir con calma el desmantelamiento de las multinacionales (un poder escandaloso sobre cuestiones fundamentales concentrado en muy pocas manos y, además, con fines venales), el de los grandes bancos (potencias capaces de generar dinero *ex nihilo* y de influir en los poderes públicos sin ninguna legitimidad política), y el del capitalismo como ideología (una forma de pensar que postula la organización de la sociedad en beneficio de la idea de crecimiento, que beneficia exponencialmente a una minoría de oligarcas que disponen de capital, es decir, activos excedentes que sirven para mediaciones de relaciones de poder desproporcionadas con la realidad).

Cuando en el sintagma «ética empresarial» el primer término prevalezca sobre el segundo hasta el punto de hacerlo desaparecer si es necesario, la expresión podrá tomarse en serio.

AMOS ANÓNIMOS

A Gérard Mordillat le debemos una importante serie de televisión emitida por la cadena Arte en los años noventa: *Corpus Christi.* Se trataba de una lectura objetiva de la vida de Jesús, personaje mítico que deviene, gracias a las interpretaciones de historiadores y teólogos, en una figura histórica casi palpable. Ser capaz de identificar un tema desde tan lejos, con un sentido quirúrgico de la especulación, hace que un director así sirva para identificar otra figura mesiánica, vulgar: la del empresario. En el documental que codirigió en los años setenta, *La voix de son maître,*[199] los amos están asustados y agitados porque quieren existir intelectualmente en el apogeo del marxismo, el sindicalismo político y el socialismo parlamentario. Comienza con una escena realmente improbable en la que, en una reunión de líderes empresariales, estos aguzan el ingenio para encontrar el giro semántico que mejor les conviene para definirse. Proceden por eliminación y desechan las expresiones «amos», «patrones», «gerentes», «líderes empresariales» y muchas más (¡«nuevo animal político», «triunfadores» o «conquistadores de lo posible»!), y entonces ven que, al buscarse, se traicionan y se retratan. Es un caso espectacular de negación freudiana: frente a todo lo que consideran que no son, muestran lo que en ellos hay de inconfesable; es más, lo hacen de manera ridícula, tanto que parecen los únicos que no se dan cuenta. Luego, uno por uno, los amos dicen lo que piensan. Anuncian la soberanía privada que nace en forma de multinacionales, el poder anónimo del capital globalizado que legitima la figura autoritaria y no democrática del «Presidente Director Ejecutivo» (PDG, CEO), nuevas prácticas de gestión que convierten al subordinado en socio de la estructura que lo oprime, la neutralización o superación del estado social. El poder industrial y financiero nos anuncia en primera persona, en un francés anticuado y en un blanco y negro de otros tiempos, la organización del mundo tal como la conocemos ahora, precisamente la que nos mata. Como lo demuestran los directores con el montaje, estas palabras se volvieron hegemónicas a partir de entonces, y entraron en los hogares como un evidente discurso de referencia. Es lo más cerca que podemos estar del desarrollo de una ideología. Ya no hay necesidad de Marx, los líderes se definen con los términos de la antigua crítica, se despersonalizan en las llamadas leyes de la historia y reglas de gestión en el sentido de que se creen competentes, pero se saben sobre todo intercambiables. El brutal contraste entre las posiciones angelicales de los jefes y las escenas que atestiguan el abrumador trabajo en cadena del personal subalterno parece tener menos que ver con una mentira lanzada por los jefes que con la ignorancia. Como señaló por aquellos años el sociólogo Luc Boltanski, el amo es quien fija los objetivos y las directrices sin necesariamente saber en detalle cómo está organizado el trabajo del que dependen los ingresos.[200] David Graeber lo corroboró más tarde.[201] Paradójicamente, terminamos por echar de menos los tiempos en que los líderes del sector privado eran tan abiertamente conscientes de su posición histórica y social (los marxistas los obligaron a ello) y tan prolijos con las palabras. Hoy, solo los CEO o PDG de Total en Francia siguen siéndolo. En este excepcional documental no solo es importante lo que dicen, sino también el modo y los lugares donde eligen que los filmen, los atributos de poder que muestran y su curioso lenguaje corporal. La razón es que entonces aún no existía la horda de «comunicadores» que suele hoy asesorarlos. Y hacerlos invisibles.

Para devolverles la conciencia, el ilustrador Clément de Gaulejac expuso una serie de obras en la galería de la Universidad de Quebec, en Outaouais, bajo el título *Les maîtres du monde sont des gens.*[202]

Sucede que, en el fondo, los amos del mundo ya no son personas. Ese es el problema. Como personas son insoportables, tan pequeños, tan viles, tan incompetentes... Por eso sintieron la necesidad de sublimarse en muchas entidades ficticias y, después, en una serie de creaciones jurídicas con imaginativos nombres que no tienen nada que envidiar a las artes más vanguardistas. Estas estructuras se denominan «personas jurídicas», y siempre «detrás» de ellas se esconden, y a veces aparecen, quienes intentan atribuirse un poco del mérito de lo que hacen sus mastodónticas empresas. La figura que se me ocurre es manida, porque se ha liberado por completo de la novela que la vio nacer: es la criatura del doctor Frankenstein. En conjunto, los magnates ladrones, los políticos complacientes y los jueces corruptos han contribuido colegiadamente a la creación de estructuras que evolucionan con independencia de los titulares, como sujetos más que humanos. Las «personas jurídicas» en cuestión se dejan representar por unos cuantos mandatarios designados por ellas mismas, tienen el don de la ubicuidad, se vuelven multinacionales y versátiles, por lo que actúan simultáneamente en los cinco continentes, diversificando al mismo tiempo sus actividades en sectores heterogéneos: la fabricación de armas al lado del entretenimiento de masas para niños y de la fabricación de productos agroalimentarios. Quienes tienen el poder de hacerlo, alejan a las empresas de sus amos para que las vilezas de las que son capaces (causar mareas negras, financiar caudillos militares, apoyar dictaduras, ejercer la colusión en los mercados financieros, corromper la política, etcétera) no les afecten personalmente. Sí, poseo una enorme cantidad de acciones en un grupo de empresas multinacionales de este tipo; sí, soy miembro del consejo de administración e intento guiar su comportamiento en el mundo, pero no asumo ninguna responsabilidad por lo que hace mi monstruo. Mi monstruo se pertenece a sí mismo. Solo unas condiciones extremas pueden llevar a que los socios que gestionan una empresa de este tipo sean considerados responsables. Solo queda entender los términos formales mediante los que lo enuncian: estas personas agrupan sus activos en estructuras más grandes que ellos, que —formal y literalmente— prevén una «responsabilidad limitada» por su parte. Las «sociedades limitadas» que ha inventado el derecho occidental se presentan como sustancialmente responsables de lo que hacen. Los miembros que se asocian crean por tanto una «sociedad» que los convierte en jurídicamente irresponsables. «Los socios solo son responsables de su propia negligencia», explica una fuente del Ministerio de Justicia canadiense.[203] Por el contrario, los socios no responden de la negligencia de la entidad; la entidad, en definitiva, no responde por ellos: es más grande que ellos. Estos apenas se benefician de abonarse a un flujo de ingresos a partir de las ganancias que aquella genera. «Las sociedades anónimas se consideran jurídicamente desgajadas de sus propietarios. Como está definida por ley, una sociedad anónima es una entidad impersonal que, en teoría, puede existir indefinidamente. Esto significa que, si el propietario fallece, la empresa puede continuar sus actividades sin problemas», especifica la página web de otra organización pública canadiense, el Banque de Développement du Canada (BDC).[204] En Francia se dice que un socio puede ser declarado personalmente culpable si comete una falta grave, si es culpable de malversación o de fraude, por ejemplo; en una palabra, «si hace algo no conforme con el interés de la sociedad»;[205] es decir, si no actúa conforme al interés de la bestia, que, desde esta perspectiva, sigue existiendo en completa independencia.

Los poderosos se ven cada vez más reducidos al papel de beneficiarios de máquinas generadoras de rentas que ni ellos mismos comprenden. Para ellos, la teoría de la gobernanza y los métodos de gestión contemporáneos consisten en hacer que sus empleados sean cada vez más autónomos y responsables, precisamente para no tener que dirigirlos más. Nos contentamos con fijar objetivos asombrosos, con dejar que el personal se capacite recíprocamente, a pesar del caos de competencia en el que los sumergimos, mientras los sometemos a la presión cruel de un acoso moral sistemático que busca garantizar una rotación de personal de inspiración darwiniana en la que los menos eficientes se verán obligados a dimitir siguiendo procedimientos humillantes, para dar paso a la sangre nueva de los reclutas que se esforzarán por sobrevivir como demonios en la pila del agua bendita... La palabra del presidente no es más que un susurro que el alto ejecutivo debe descifrar, verdadero transistor entre la incompetencia de quienes reinan y el desaliento de los dominados.

¿Qué pasa con los amos del mundo cuando los encontramos en el estatus de personas? Nada. Sobre todo no son «amos»: no dominan nada. No hay palabra peor elegida que la de «élite» para denominar a esta gente. La falta de carácter hace que sean abandonados cuando regresan a la dimensión humana. Los más imprudentes se toman en serio su éxito y lo convierten en un acto de exhibición temeraria. Dejan ver entonces que están vacíos, que son banales; su vanidad y su estupidez son evidentes; parecen haber crecido más que sus activos en el ejercicio del capitalismo al que han dedicado la vida…

¿Cómo realizar, pues, un trabajo crítico sobre estos fantasmas?[206] La metáfora y la alegoría son de gran importancia. Estructuran el pensamiento de tal manera que crean puntos ciegos. Un gólem que se ha trastornado hasta el punto de golpear a ciegas, transformándose así, en nuestra historia, en un monstruo como el de Frankenstein. Metáfora y alegoría permiten a la mente dar un salto instantáneo para comprender el problema, pero estos trampolines mentales nos hacen caer de pie en el cemento fresco para, al instante, vernos prisioneros. Son imágenes que nos llaman la atención de inmediato. Es la impresión que dan muchas teorías cuya comprensión es instantánea. La imagen nos atrapa, nos hace avanzar casi deslumbrados y luego nos deja sin apoyos cuando la seguimos. Entonces debemos cambiar de imagen, cambiar de figura retórica como Tarzán de una liana a otra.

¿Por qué nos constriñe la figura retórica, la alegoría, la parábola? De la metáfora —completamente inevitable en cualquier acto lingüístico— el filósofo francés Jacques Derrida dijo que no es solo «económica» porque nos permite evocar algo en pocas palabras —por tanto, un ahorro que nos lleva a prescindir de toda una serie de explicaciones—, sino también porque se muestra como tal por lo que «produce»: la metáfora genera significado y una capacidad de decir algo allí donde no llegan los recursos habituales del lenguaje.[207]

Aquí, la imagen de Frankenstein nos hace entrar en un callejón sin salida. ¿Qué podemos añadir, una vez encerrados en una modalidad descriptiva de la que nace un discurso sobre multinacionales desquiciadas, bancos voraces, Gobiernos ciegos, con infinidad de descripciones? Esta imagen apenas nos aleja de aquellos que queríamos denunciar. En este sentido, resulta interesante el caso de Jean Doucet, un banquero quebequés activo en el sistema bancario de los paraísos fiscales en los años setenta. Aparentemente le debemos la estética *kitsch* de la que seguimos prisioneros cuando pensamos en el mundo de las empresas extraterritoriales: palmeras, cocoteros, islas exóticas, arena, cajas fuertes en guaridas ocultas... Se trataba entonces de que el poder designara los lugares en términos vagos para no despertar la curiosidad crítica. En aquellos años, Doucet no tuvo reparos —junto al fiscalista suizo Édouard Chambost, que añadió una buena dosis de racismo— en reciclar la imagen colonial del siglo XIX que teníamos de estas islas, así como la iconografía promovida por las agencias de viajes, para camuflar con la ayuda de estas imágenes la razón de ser de los paraísos fiscales, a la vez que los definía. En el fondo, las imágenes críticas de la izquierda intelectual, que pretenden precisamente sacudir el cocotero para sacar a relucir algo más, presentan a su manera las mismas características: sacudir la mente para enseñar lo que pasa inadvertido o escapa a la reflexión, a la vez que se limitan a modelos analíticos insuficientes.

En una palabra: siempre podremos imaginar la multinacional en última instancia como un pulpo. Como tenemos que darle sentido inmediatamente, como queremos que la imagen tenga significado, como queremos despertar la imaginación, tenemos que partir de un cliché ya conocido, no demasiado brillante: entonces, el pulpo. Para tener un referente de la multinacional, sepamos que esta aparece necesariamente decapitada por la ley. Uso discursivo: las multinacionales se mueven como pulpos, la ley empresarial vigente en la globalización financiera permite a los consejos de administración gestionar, en las muchas naciones donde están ubicadas, como «multi-nacionales», cada filial y entidad particular como si fuera un tentáculo. En este caso, es como si el tentáculo (desde el punto de vista del derecho) se moviera solo, como si no perteneciera a ningún pulpo, sin un cerebro que coordinara sus acciones con las de otro tentáculo presente en otra entidad legislativa. Es así porque, en derecho, las entidades pertenecientes a una multinacional se consideran autónomas, la multinacional en sí no es un sujeto de derecho y en realidad existe, a nivel jurídico, tanto como Papá Noel. Una red de entidades creadas en una pluralidad de legislaciones, por ser independientes entre sí *de facto,* funda la multinacional, *ecce* pulpo; pero en las aberraciones del derecho, cada uno de los tentáculos es abordado por cada una de las legislaciones y jurisdicciones como una cosa que se mueve por su propia voluntad... De ahí el problema consiguiente: el poder indiscutido de la multinacional, que existe, pero solo de hecho, y que no se enfrenta a ningún contrapoder. Ningún Parlamento o juez puede pronunciarse sobre el trabajo a escala global y multinacional, apenas puede hacerlo sobre la acción de tal o cual tentáculo tomado individualmente.

Una nueva imagen genera una nueva representación. También es una oportunidad para abordar el carácter perverso de los principales líderes empresariales desde el punto de vista clínico. Y para considerar que los semas con los que hablamos de ello —«élite», «amos del mundo», «líderes del planeta», «potentados»— aparecen a su vez como metáforas estériles.

En este sentido, la expresión «amos del mundo» puede resultar al mismo tiempo una alegoría sin futuro. Mientras trabajaba en el caso de la multinacional Total, por ejemplo, me sorprendió descubrir hasta qué punto los «amos del mundo» aceptan descaradamente que no son dueños de nada. Incluso presentan, en última instancia, el renunciar a la historia como el fin en sí mismo, como la muestra de una inteligencia exquisita, como una astucia propia de dioses. Así, la multinacional no busca controlar el mundo, sino llenarlo lo suficiente con su presencia para que su ubicuidad esté en condiciones de aprovecharse de todas las situaciones, independientemente de su evolución y de los posibles reveses. El precio del petróleo baja: centrémonos en el sector de la transformación; sube el precio: aumentemos la producción. Y en geopolítica, si Estados Unidos toma represalias, llamaremos a la puerta de China… Nada que ver con un complot tramado conscientemente o una fuerza de choque concertada para controlar el mundo. Todo lo contrario, «se deja» que el mundo avance en orden disperso y, según los imponderables de la coreografía, activamos las numerosas palancas que nos hemos proporcionado para aprovechar los nuevos arreglos. El «se» es aquí deliberadamente opaco, porque incluye un orden muy variado de actores sociales, que va desde administradores delegados hasta directores de sucursales, pasando por accionistas y una miríada de cómplices externos, particularmente en el mundo político y en los círculos científicos. Este «se» actúa también en orden disperso para no perder el control. En realidad, se trata de hacer malabarismos.

Mezclando todas estas imágenes, a veces nos topamos con términos que parecen extraordinariamente elocuentes, como si llevaran dentro la verdad de lo que se quiere decir. Basta con escucharlos y provocarlos, y dejar que hablen.

Son simplemente los términos utilizados para designar a los actores y modalidades en cuestión. Por ejemplo: «multinacional». Por ejemplo: «capitalismo». Sí, la palabra lleva dentro el sentido. La «multinacional» es poderosa simplemente por la cualidad plurinacional que anuncia el nombre. Actúa en varios países al mismo tiempo. Está, pues, a ambos lados de las fronteras, no está encerrada por límites y no puede dejarse contener por ninguno, ya sea desde el punto de vista legal, fiscal, inversor o de la toma de decisiones. Lo mismo ocurre con el capitalismo: la palabra lo dice todo. Es sin duda la razón por la que quienes se benefician de él la utilizan cada vez menos y prefieren, por ejemplo, el eufemismo «economía de mercado». Capitalismo es el nombre de un orden, de un régimen, de una ideología y de un estado de ánimo —contenido todo en el sufijo «-ismo»— cuyo objetivo explícito es favorecer al capital —la raíz de la palabra—, es decir, por definición, su crecimiento, su acumulación, se destine a lo que se destine, y esto, por supuesto y rigurosamente, en beneficio de la minoría que lo posee. El capital no es solo lujo o ahorro, es un conjunto de grandes excedentes y bienes estrictamente destinados a crecer: fábricas, propiedad de latifundios, materias primas, patentes y quincallería tecnológica, capital monetario y, desde luego, trabajadores (manuales e intelectuales); muchos trabajadores o fuerza laboral...

Si tenemos esto en cuenta, entenderemos que los amos del mundo, si son personas, es en el sentido obvio de un oxímoron. No en el sentido trivial en el que podríamos decir que son «también seres humanos», sino en el sentido de que no pueden ser dueños de nada. No pueden ser amos si no es con defectos, como sugiere la primera interpretación, pero contrariamente a esta impresión común, se trata de presentarlos desposeídos de toda capacidad y control, a la deriva, prisioneros como el que más del *kitsch* cultural del que fueron ardientes patrocinadores, y de una enorme sed de poder que solo les pertenece en el conformismo fiel a su espíritu de clase. ¿Quién no recuerda esta sorprendente frase con la que Marx introdujo *El capital*?:

> Se trata aquí de estas personas solo en cuanto personificación de categorías económicas, como portadores de relaciones de clase e intereses determinados. Mi perspectiva, que consiste en entender el desarrollo de la formación económico-social como un proceso histórico natural, no puede responsabilizar a un individuo singular de las relaciones y condiciones de las que socialmente proviene, incluso si puede elevarse, subjetivamente, por encima de estos.[208]

«Los amos del mundo son personas» en un universo donde la gente sencilla, dada su condición, no puede ser ama de nada.

«Los amos del mundo también son personas». ¡Qué maravillosa tontada más autodestructiva! Decirlo así significa destrozar por completo el aparato ideológico. También, en este caso, la contradicción se percibe incluso en lo que dicen las palabras. En primer lugar, los «amos»: serían personas designadas en función de una aptitud particular para dominar. La característica esencial del amo es mostrarse distinto: los diccionarios dicen que manda, ordena, enseña o prepara al «otro», al que no es amo. Pero luego se nos recuerda que estos amos son personas, es decir, que pertenecen fundamentalmente a la categoría de aquellos a quienes nada distingue. Por tanto, nada los determina. Aquellos cuya cualidad es una habilidad particular (mandar) realmente no destacan entre los demás. Por eso requieren todas esas prótesis. Añadidos vistosos, estridentes, pesados y, en realidad, muy poco prácticos. Son estas pretensiones de conocimiento-administrativo-como-tal, por ejemplo, las que dan a quienes creen poseerlo la impresión de que su sapiencia les autoriza a gestionar un museo, un supermercado, un hospital o un club de béisbol. La gestión se convierte en una actividad intransitiva que permite, a quienes creen estar en condiciones de ejercerla, distinguirse de las personas.

Tener capital también permite presagiar la superioridad jerárquica. La prensa financiera lo confirma, las escuelas de negocios lo enseñan, las fundaciones privadas lo promocionan, los patrocinadores lo gritan y, sobre todo, las grandes multinacionales de «responsabilidad muy limitada» hacen que la afirmación se crea a ciegas. ¿Cuánta energía destinamos a hacer olvidar a los amos del mundo que son personas entre personas?

Con el tiempo, sí, los amos del mundo dejan de ser personas. Ya no los imaginamos en absoluto defendiéndose como en los años setenta, cuando iban a la zaga del marxismo en la batalla de las ideas,[209] simplemente porque ya ni siquiera intentan tener una visión estructurada del mundo, el barniz tecnocrático les basta. Pero al hacerlo, su *ethos* se contagia a todos sus subordinados, y el técnico, el artesano, aquellos que forman parte de lo que antes se llamaba el «personal», ahora son solo una parte de un «recurso humano» anónimo. Y en esto también se interesaron el cine y las artes.

En el documental *Work Hard Play Hard*[210] asistimos al desarrollo del sistema de trabajo contemporáneo. La gestión aparece aquí de manera reflexiva. La película nos muestra cómo se organiza la vida profesional de los empleados de grandes multinacionales. Todo parece estructurado para desnortar a la persona. La consigna es construir un edificio que se inspire en los lemas acordados: dinamismo, vitalidad, alegría, creatividad, espíritu de equipo, eficiencia, superación y rapidez. Y, en consecuencia, administrar los *teams.* Hay que hacer olvidar al trabajador que está trabajando, hacer que el lugar de trabajo le resulte tan familiar como la cocina de casa... Todo está pensado para favorecer las habilidades interpersonales, ya que las teorías de la gestión «demuestran» que el 80% de la creatividad en los negocios proviene de encuentros casuales, discusiones informales, ideas cogidas al vuelo, durante un intercambio sin importancia. Cada metro cuadrado, nos dice el diseñador, debe reflejar este deseo: hacer agradable el lugar de trabajo, fomentar la creatividad, fusionarlo con la naturaleza. Sin embargo, la disonancia cognitiva es total: como las palabras que Magritte coloca al lado de significados que nada tienen que ver con ellas. ¿Qué pasa con la naturaleza? El lugar es más frío que un centro comercial, la vida lucha allí por recuperar sus derechos, nos convertimos en una maqueta y en el píxel de un montaje digital. El lugar grita este mandato esquizofrénico: «¡Sé espontáneo!». El trabajo en equipo es coercitivo, pero aparece disfrazado de ejercicio voluntario. Los informes informales que se dice que se generan se verifican en tiempo real mediante opresivos informes de rendimiento. La operación más trivial está conceptualizada en una jerga casi litúrgica. Una señal adicional de esta perversión globalmente establecida es que abundan los anglicismos gerenciales. *Team, culture* y *spirit* necesariamente circulan en inglés incluso entre el personal germánico [la película es alemana], porque la pseudointimidad habla una lengua extranjera. Representa muy bien en qué se está convirtiendo la vida profesional: ya no se trata de los servicios prestados por proletarios más o menos bien pagados, tras elogiar sus facultades y alienar su fuerza laboral, sino de un *ethos* que aceptan adoptar y desarrollar de forma total, cediendo su ser por completo al capital. La dirección no deja de organizar sesiones inquisitoriales, es decir, «intrusivas». Lo que se busca controlar de forma remota es, literalmente, el cerebro del trabajador. El empleado se siente entonces en el trabajo «como en casa», porque no está en casa en ningún lado. Algunas empresas lo privan de un espacio propio y lo obligan a ocupar continuamente plazas temporales en el edificio, hasta el punto de hacerle perder todo anclaje. Estos diferentes lugares de trabajo «parecen» algo que no son y todos «te hacen pensar» en todo: tu cocina, tu cuarto de estar, un lugar de trabajo íntimo donde puedes concentrarte, una cafetería donde se habla de asuntos cotidianos... El simulacro ha comenzado, se acepta. Todo lo que tienes que hacer es llevar tus carpetas y dosieres a casa y transformar tu cocina en una oficina parecida a tu lugar de trabajo. *«Viel Spaß!»*, debe decir la recepcionista de una de estas empresas a los visitantes que tienen una cita y a los que da la bienvenida: ¡Diviértase!, *Amusez-vous bien!, Have fun!*

DESARROLLO SOSTENIBLE

Escribo a mis contemporáneos a propósito de un mundo que no nos es aún contemporáneo. Vivo el día a día en un mundo que no nos es aún cotidiano. Leo todavía los periódicos con desasosiego, como quien recibe las noticias que manda una estrella muerta. Un planeta muerto. Ninguno de los parámetros con los que todavía insistimos en tratar la «noticias» durará mucho tiempo. El mercado, el crecimiento, las políticas sociales... El confinamiento de la sociedad en el viejo paradigma raya en una asombrosa indiferencia hacia él. En política, algunos se aferran a esta estrella para salvar las últimas ilusiones, polvo de estrellas. Los más tristes desplazan y centran sus ansiedades en ficticios objetos de odio, es decir, en personas que buscamos presentar según diferencias absolutas, y a quienes atribuimos aleatoriamente todos los males...

Cuando una ciudad en el oeste de Canadá alcanza los 50ºC antes de derretirse, cuando seis meses después esta comunidad experimenta un cambio de temperatura de 100ºC durante una ola de frío que llega a los 50ºC bajo cero, cuando Estados Unidos aparece barrido por culpa de los tornados desde principios de siglo, cuando el 80% de las especies de insectos desaparecen de Europa en pocos decenios, cuando millones de refugiados por causas ambientales llegan a las puertas de Occidente, las ilusiones del marketing corporativo y las charlas de los oligarcas finalmente acaban por ser tan ridículas como la verborrea de los ministros soviéticos que provocaba risotadas a finales de los años ochenta. Añadamos el modo de vida de la autosugestión y la servidumbre voluntaria; la cosa ya no se sostiene.

Decenios de política de extremo centro no han polarizado ni a la izquierda ni a la derecha, sino que las han confinado a quimeras. El planeta muerto no ofrece nada tangible tan pronto lo reconocemos privado de cuanto había de tangible en él. Un millón de especies amenazadas de extinción, un clima que se sobrecalienta, glaciares que se derriten, bosques que arden, aguas que engullen las ciudades, un desierto que avanza al ritmo de los refugiados climáticos empujados por hordas… Tsunamis, huracanes, hambrunas, guerras civiles, el fascismo de vociferadores desesperados, las comunidades improvisadas que se reinventarán para salvar lo poco que quede… En serio, ¿a qué podemos aferrarnos todavía?

Ya no somos ciudadanos, sino Casandras reconvertidas. Capaces de prever lo que viene, pero no de hablar de ello. Tenemos la cabeza llena de frases técnicas para ir probando suerte: el dióxido en «partes por millón», la «temperatura global media» en comparación con la era anterior a las máquinas alimentadas con carbón, los terrícolas responsables de la historia universal, los modelos que cuentan los años en series de millones… Con todo ello iniciamos el viaje en busca de una espiritualidad perdida.

Los ideólogos nos presentan adversidades formidables para que no nos movamos. Las palabras compartidas en la universidad, a golpe de nociones subvencionadas, limitaciones léxicas para la financiación de organizaciones «no» gubernamentales, fórmulas ideológicas promovidas al unísono por instituciones privadas y ministerios públicos, tienden a hacer de la pertenencia al capital un horizonte insuperable. La idea de que otro modelo reemplace el orden comercial deseado globalmente por las entidades hegemónicas no puede pensarse mínimamente. La «gobernanza» hace envejecer el término «política» y lo elimina, y hace de las reglas de la empresa privada el centro de cualquier modelo de organización de la vida social. La expresión «desarrollo sostenible» borra la idea de «sociedad sostenible» del Club de Roma, y coloca a las empresas ya no en la posición de objetos de estudio, sino de sujetos, ya no son problemas, sino soluciones. La «aceptabilidad social» barre los conceptos precedentes, los «proyectos sociales», y se vuelve solo reactiva a quien se le entrega. Los «recursos humanos» borran todo lo que podría haber de personal en la lucha de clases, que entretanto se ha convertido en «partes interesadas» o *stakeholders*. El pueblo todavía cree en algunos aspectos del crecimiento, intentamos volver a presentar el mundo como un lugar mágico. Lanzamos barbarismos para llenarnos la boca: «clientela», «valor añadido», «competitividad», «proceso», «crecimiento»... A la luz de estas variables nos desesperamos por crearnos un mundo psicológico: optimismo, recuperación, índice de bienestar...

Y cae, gota a gota, como una lenta tortura. Los discursos inconexos, falseados, libres y esquizoides resuenan en estrofas alternas con las canciones estúpidamente empalagosas que acompañan el consumo obligatorio.

Un trabajo elocuente para la recuperación del discurso y la sensibilidad ambientalistas por parte del régimen fue un informe de la ONU con un título vacío de significado, *Nuestro futuro común*, que sentó las bases, en 1987, de una noción en sí contradictoria: «desarrollo sostenible».[211] La autora, Gro Harlem Brundtland, ex primera ministra de Noruega y exministra de Medioambiente, firmó el informe tras ser nombrada presidenta de una comisión denominada «Desarrollo y Medioambiente», que en el título anunciaba las tesis y la síntesis de la hipótesis, a saber: que el desarrollo y el medio ambiente no solo son compatibles, sino que únicamente el primero permitiría proteger el segundo. Este informe, mucho más ideológico que científico, pretendía ser, ante todo, una respuesta muy concreta al decisivo *Los límites del crecimiento,* también llamado informe Meadows,[212] firmado por el Club de Roma en 1972. Dicho informe afirmaba que el crecimiento del capital y, en consecuencia, la presión que la gran industria ejerce sobre territorios y océanos contribuye a la ruina de estos últimos y es el causante fundamental de los grandes procesos de contaminación y aniquilación de seres vivos en muchos lugares del mundo. El informe Brundtland no cuestiona estos datos ni sus análisis, solo los «replica», es decir, los reproduce posicionándose como la referencia en materia ecológica, con el único matiz de la conclusión y el título que rige el planteamiento, a saber, que la preocupación ecológica debe verse a través del prisma del desarrollo, de la prosperidad y de la industria y no en su contra. Para el régimen capitalista, desde la ONU, no se trata tanto de hacer campaña en favor de sus tesis y darles fuerza de ley en artículos que entrarán en vigor en todo el mundo, sino de seguir inculcándolas de manera insistente en un corpus de referencia que las contradice. Por tanto, defender el «desarrollo sostenible» en lugar del «decrecimiento», es decir, basarse en el informe Brundtland en lugar de en el informe Meadows para abordar la cuestión ecológica, es abordar la cuestión tratando de lograr la cuadratura del círculo, pensarla con un léxico orwelliano para convencerse de que la causa del problema es en realidad su solución, es inculcar un discurso interesado sobre una situación que exige altura de miras, es intentar tomar conciencia de un fenómeno dramático con expresiones para engañabobos. Porque en el proceso debe quedar algo impensado: desear un rápido fin del capitalismo, que es el causante de la crisis. Mientras podamos sacralizar la doctrina del capital, mientras podamos convertirla en la fuente exclusiva de la acción política y social, incluso para remediar lo que destruye, se nos prestará atención, se podrá hablar de ello. La «sostenibilidad» y la «viabilidad» de cualquier programa y de cualquier compromiso será admisible siempre que sea en nombre del desarrollo y la prosperidad. El ideario «verde» será bienvenido siempre que sirva como epíteto del «capitalismo». La «integración territorial» será admisible siempre que vaya de la mano de la «gestión». Estos sintagmas son cruciales: establecen las premisas implícitas que entran en contradicción con las pretensiones y dualidades estériles: elegir entre ecología y economía; someter los avances en materia ecológica a las leyes del mercado y a la ingeniería tecno-instrumental; valorar la protección del territorio a partir de la creación de empleo…

Los Estados coinciden en que la catástrofe es inminente, que ha llegado el momento de cambios radicales, que la situación es grave, pero siguen sin modificar los presupuestos. Así, al iniciarse los trabajos de la COP26 en 2021, las veinte potencias mundiales (G20) reiteraron su apoyo a los Objetivos de Desarrollo Sostenible, propuestos en 2015.[213] Sin embargo, varios objetivos ambiciosos de este programa ya habían fracasado estrepitosamente. Por ejemplo, «para 2020, regular eficazmente la pesca, poner fin a la pesca intensiva» y a «las prácticas pesqueras destructivas e implementar planes de gestión con base científica, con el objetivo de restaurar las poblaciones marinas lo más rápidamente posible».[214] Más allá de las numerosas críticas,[215] la poco militante Organización para la Cooperación y el Desarrollo Económico (OCDE) calificó en 2020 de «urgentes» las iniciativas tendentes a «frenar la pesca intensiva, mejorar la gestión pesquera y reformar el apoyo al sector, de lo contrario no lograremos garantizar la conservación y el uso sostenible del océano y sus recursos, que es un objetivo clave de las Naciones Unidas».[216] Y creemos en ello independientemente de la importancia del contenido, como todavía lo hacemos con los muy presuntuosos *Objectifs du millénaire pour le développement.*

El monólogo sin oposición del G20 atribuye los retrasos sufridos en su programa únicamente a la crisis sanitaria. Una vez más, los «Objetivos de Desarrollo Sostenible» son una oportunidad para derramar lágrimas de cocodrilo por el destino de los países pobres, mientras se planea cambiarles la pesca por un turismo muy contaminante.

En todas estas manifestaciones retóricas se oculta siempre algo: que el desarrollo industrial y el imperativo del crecimiento puedan ser nociones cuestionadas de manera crítica.

A finales de los años ochenta, el aberrante sintagma «desarrollo sostenible», como muchas otras expresiones pertenecientes al régimen ideológico de la gobernanza, se impuso en la jerga ministerial, incluso en discursos activistas, e incluso en títulos de programas y centros de investigación. Sin embargo, la expresión no se la debemos a ningún investigador en particular, a ningún organismo universitario independiente o a algún intelectual de renombre, sino a organismos gubernamentales reconocidos por su afinidad con la empresa privada.

La comisión «Desarrollo y Medioambiente» de la ONU intentó presentar el desarrollo capitalista y empresarial como compatible con la preocupación suscitada por la contaminación masiva de la que se hacía culpable a nuestro régimen industrial y financiero. Poco importaron los puntos a desarrollar, distribuidos en tres pilares fundamentales: medio ambiente, sociedad y economía.

> El concepto se ha convertido en el grito de guerra de todos aquellos interesados en el desarrollo económico y en la protección del medio ambiente, es decir, en la armonización de la economía y la ecología... Es un poco como si la señora Brundtland y su equipo de comisarios hubieran logrado encontrar una solución mágica capaz de reconciliar a los activistas medioambientales y tercermundistas, por un lado, con los burócratas gubernamentales y los empresarios desarrollistas por el otro.

Este es el objetivo.[217] Rápidamente, la gran industria y las altas finanzas absorbieron este proceso alquímico como un simple ejercicio retórico.[218]

Desde un punto de vista epistemológico, la noción de «desarrollo sostenible» prevé la producción de datos modelados para organizar un equilibrio en las relaciones entre el «desarrollo» y los seres vivos. Por un lado, pensamos en la huella que el hombre deja con las actividades a las que se dedica (cantidad de peces capturados, número de hectáreas de bosque taladas, masa de dióxido de carbono enviada a la atmósfera, etcétera) y en la capacidad del hábitat natural para absorber el impacto y regenerarse. Esto garantiza por tanto la estabilidad, la «sostenibilidad». Pensar de esta manera es, al menos implícitamente, postular las condiciones de que tal equilibrio sea posible.

Sin embargo, los críticos consideran que esta noción está obsoleta en un mundo que cambia rápidamente. Nos interesamos por ello cuando ya no es relevante. Las condiciones que hacían posible el equilibrio ya no se cumplen, ya no lo garantizan. Los gases de efecto invernadero que se lanzaron a la atmósfera hace diez años empiezan ahora a tener repercusiones, con sus ciclos de retroalimentación y sus fenómenos exponenciales (derretimiento del permafrost, liberación del metano contenido en el Ártico, reducción de los glaciares que conduce a la atracción de rayos solares sobre grandes zonas marinas y a la conservación del calor, lo que acentúa el derretimiento...). En resumen, ya no existe un sustrato estable en el que confiar para gestionar una relación equilibrada.

Christophe Bonneuil y Jean-Baptiste Fressoz, en su determinante *L'événement anthropocène,* descalifican la noción a nivel epistemológico. La idea de «desarrollo sostenible» sugiere que podemos regular la relación con la naturaleza articulando ciertos indicadores para mantener disponible un recurso que pretendemos explotar de manera muy intensiva. Pensar así es actuar como si, aparte de las pocas variables que conservamos, todas las cosas permanecieran iguales *(ceteris paribus sic stantibus).* Sin embargo, en la era de las turbulencias climáticas, de la extinción masiva de especies, de la contracción de la superficie forestal, del «Antropoceno» y del horizonte de multicrisis que se perfila en el siglo XXI, nada es igual, es más, todo se mueve, todo se transforma. Para peor, e irreversiblemente.

> El Antropoceno anula el proyecto irénico y tranquilizador del «desarrollo sostenible». El concepto derivaba de la noción de «rendimiento máximo sostenido» concebida por los gestores de recursos pesqueros de los años cincuenta, heredera a su vez de la noción de «gestión sostenible» *(nachhaltig)* de las ciencias forestales alemanas del siglo XVIII.

> Transmite dos ilusiones hoy socavadas por la llegada del Antropoceno. En primer lugar, dejaba creer en la posibilidad de perpetuar el crecimiento económico a cambio de la «conservación» del medioambiente. [...] En segundo lugar, la noción de «desarrollo sostenible» también se basó en la idea de una naturaleza lineal y reversible y en la existencia de un régimen estacionario ideal.[219]

Pero cuando el sustrato de la naturaleza está profundamente alterado por los efectos destructivos de la actividad industrial, no basta con indagar para modificar unos pocos parámetros, teniendo en cuenta que todo se hunde y conviene cuestionarse el proceso de autodestrucción.

Cualesquiera que sean las tesis y su validez relativa, el objetivo era, sin duda, la conclusión: hacer que los «sujetos» de esta historia (no sus objetos) sean la empresa privada, su «desarrollo» en el origen de la crisis ecológica desde el comienzo de la era industrial y los actores que se jactan en los foros sociales más importantes durante generaciones del gobierno oligárquico. En otras palabras, era necesario hacer del desarrollo el prisma a través del cual dar respuesta a la crisis, y no un punto transitorio que aceptábamos y decidíamos que debíamos superar.

Esto ya no engaña a los lectores informados. Anna Bednik, periodista sobre el terreno reconocida por su trabajo en lugares de explotación minera a gran escala, escribe:

> Los oxímoron desdibujan las líneas. Se trata de «quimeras semánticas», como el monstruo mítico con cabeza de león y cuerpo de cabra, que sugieren que basta con reunir nociones incompatibles en un sintagma para crear una nueva realidad. De esta manera, la fórmula «desarrollo sostenible», acuñada por el informe Brundtland de 1987, cerró el debate sobre los límites físicos del crecimiento económico,

salvando el consenso productivista y la explotación mineral amenazados por el éxito del informe Meadows de 1972.[220]

Incluso quienes creyeron en él durante un tiempo ahora no ven más que humo. El historiador de la ciencia Dominique Pestre considera la expresión un «eslogan», «un *leitmotiv* plástico que todos reivindican, pero que interpretan libremente», como otros barbarismos de nuestro tiempo, así el «buen gobierno». Lamenta tales expresiones, indiscutibles porque siguen siendo vagas, porque impiden la crítica e incluso perjudican a quien las cuestiona.[221]

En esta categoría, Jem Bendell es incluso de los que se arrepienten del «desarrollo sostenible». Este especialista en la materia, profesor de la Universidad de Cumbria, en Inglaterra, y miembro del consejo editorial del *Sustainability Accounting, Management and Policy Journal,* recopiló durante un año sabático a finales de la década de 2010 una serie de datos que lo llevaron a revisar completamente sus posturas: el cambio climático tiene demasiadas consecuencias importantes, irremediables y sistémicas como para que sigamos reflexionando como sonámbulos acerca de los pocos parámetros que podríamos alterar para mantener el régimen productivista al que servimos; no es normal que los especialistas en «desarrollo sostenible» no aborden estas cuestiones sustantivas. Si el artículo que resultó del año sabático, y que propuso al comité de la revista de la que era miembro, fue rechazado... por no ser suficientemente «científico», sirvió al menos para fundar el movimiento cívico llamado Extinction Rebellion, lo cual salva la honra.

UN CLIMA INSOPORTABLE

La sonriente representación del movimiento ecologista, la envidiable opción que parecía ser (al menos mejor que otras), la tranquila transición a la que nos invitó, la oportunidad de alianzas electorales a las que dio pie... se tornaron confrontación. No basta simplemente comprar para votar. El reciclaje de la basura no salva almas. El embalaje «verde» de los productos de gran distribución se convierte en sí mismo en un problema en la era del desperdicio cero. Ya no es el momento de la convivencia espontánea, de la armonía fácil, del forzado «buen vivir». Ha cambiado el clima; el atmosférico y el psicológico. Los dos están íntimamente vinculados.

Hay un debate acalorado entre los defensores de la lucidez —aquellos que ya no quieren mentirse a sí mismos y afrontar la perspectiva del colapso de los ecosistemas, lo que arrastrará a las organizaciones sociales— y los otros, aquellos a quienes les gustaría mucho regodearse en la poca ilusión que queda. Yves Cochet, exministro de Medioambiente de la República Francesa y «colapsólogo» del Institut Momentum, nos dice que, para salir de esta situación, ¡tendríamos que reducir inmediatamente la producción nacional al 10% de la actual![222] Abordar así la cuestión es asegurarse de que vas a quedarte solo incluso antes de acabar el exordio. Anuncie a un ser querido que es imperativo, y de forma inmediata, poner fin al consumo de productos lácteos. Anímelo a volverse vegano. Dígale que los viajes de los que todavía habla fueron los últimos. Que su coche debe pertenecer inmediatamente también a sus cinco vecinos, ¡cinco!... Se lo comerá vivo. Porque nuestra forma de vida se ha convertido, más que en un símbolo de pertenencia a una clase, en un derecho, en una garantía de libertad. Que seas de izquierdas o de derechas no cambia nada cuando se habla del culto al poder adquisitivo. Tiene que ver con las elaboraciones psíquicas relacionadas con nuestras pequeñas y grandes posesiones. A nadie se le ocurre que las escenas más banales de nuestro cine (subir a un coche, comer algo caliente en un *bistrot,* cambiarse de camisa varias veces por semana) pronto parecerán ciencia ficción.

Pero estas pequeñas divergencias no son nada comparadas con la intensa tensión que contiene internamente el aparato psíquico de cada uno. «¿Por qué nuestro cerebro quiere ignorar el cambio climático?», se pregunta George Marshall en el subtítulo de un libro que establece la caracterología de los sujetos que se resisten a la evidencia: la crisis ecológica y el cambio de paradigma que exige.[223] El índice basta para que pensemos en multitud de personajes conceptuales, desde el científico que no se atreve a afrontar las burlas de sus pares hasta el tecnólogo seguro de que encontraremos algo capaz de salvarnos de lo peor, pasando por el sujeto incapaz de formular la más mínima expresión contraria, aplastado por el peso de la censura latente, y la mente contable encerrada entre las columnas del debe y del haber, que invalidan la gravedad de la situación.

El sujeto más representativo de nuestros tiempos es aquel que, desesperado, se da cuenta de la inutilidad del esfuerzo.

Si rompe con la sociedad de consumo, si crea un huerto comunitario y lo hace autosuficiente a costa de esfuerzos increíbles y adopta un estilo de vida muy frugal, si viaja en burro y se cuida con las plantas que cultiva... verá que más allá de una experiencia personal que podría resultar enriquecedora, no cambiará nada ante la hipótesis grave de un colapso inminente de nuestra dinámica ecológica y social. Su compromiso no tendría sentido más que por razón de un mágico y condicional «si», es decir: «si» de repente todo el mundo empezara a hacer esto en este mismo momento, tendríamos alguna oportunidad. De lo contrario, nuestra intelección se muestra indiferente ante las amenazas que no son inmediatas, espectaculares, abruptas. Nos estamos acostumbrando colectivamente a la muerte lenta.

Por eso, somos cada vez más los que queremos denunciar claramente lo que pasa, poner fin a las coaliciones estériles y a los discursos melosos que silencian la identidad de los culpables y que dan cabida al régimen que nos ha sumido en la miseria. Hablar de «pequeños pasos en la dirección correcta» es una estupidez cuando sabemos lo cerca que está el precipicio, el tiempo que nos separa de cambios históricos graves. Pero en este clima de urgencia no encontramos las palabras para llevar a cabo el proyecto anunciado por Murray Bookchin: hacer de la cuestión ecológica una causa común clara y coherente.[224] No sabemos cómo abordar esta cuestión, aunque parezca la más inmediata y terriblemente crucial.

No hablamos de la estética del cataclismo que ha popularizado Hollywood o de los campos de la ciencia que se ocupan específicamente del tema. El catastrofismo solo tiene sentido si permite evitar la catástrofe y, por tanto, solo si está vinculado a una fuerza histórica capaz de actuar.[225] Sin embargo, la difusión a gran escala, al igual que las teorías matemáticas que afirman explícitamente ser catastrofistas,[226] no hará que lo consigamos. Las primeras exaltan tanto el dramatismo del que es capaz una obra de ficción como nuestro profundo sentimiento de impotencia. La ciencia integra el apocalipsis en modelos aritméticos para dar la impresión de ser capaces de gestionar lo inaceptable, en lugar de intentar conjurarlo.

Si hemos de pronunciarnos en estos días, ¿qué nos queda por decir, si ignoramos la jovialidad *boyscout* de los movimientos ecologistas felizmente fraternales, un cine estéril por ser innecesariamente estresante o las teorías matemáticas que juegan a desactivar abstractamente las bombas que causan la catástrofe?

Una sugerencia: un discurso más sencillo. En el libro *L'événement anthropocène,* Christophe Bonneuil y Jean-Baptiste Fressoz apuntan un hecho preocupante por lo que hace a nuestros métodos para concienciarnos de la situación ecológica del mundo actual: la vemos con los términos, modos y discursos de las ciencias que nos han hundido en él. Porque los analistas de la explotación humana de la tierra, los océanos y los otros seres vivos —es decir, el «Antropoceno»— provienen precisamente de las ciencias exactas que presidieron el desarrollo de los dispositivos técnicos e industriales de producción que provocaron los problemas de hoy. Como señalan Bonneuil y Fressoz:

> La historia del Antropoceno se escribe en el gran libro de la contabilidad ambiental del planeta, cuyos *stocks* son el «capital» y los flujos de «impactos» o «servicios» que hay que medir. [...] Con sintagmas como «evaluación de los impactos humanos en el sistema terrestre» o «interacciones entre el hombre y la naturaleza», estos relatos históricos de nuevo cuño también están llenos de conceptos y métodos hasta ahora desconocidos para los historiadores, como los «sistemas

no lineales», «modelos multiagente», «modelización», «capacidad adaptativa», «resiliencia» y «sistemas socioecológicos».[227]

Los geotécnicos, oceanólogos, climatólogos y otros especialistas no hacen más que poner parámetros para poder medir de alguna manera el estado de colapso de la biodiversidad y la evolución del cambio climático. Ellos escriben una historia, la historia oficial. En otras palabras, esta historia que habla de las mutaciones biológicas y climáticas que nos oprimen y nos empujan hacia un cambio brutal de paradigma no la escriben hoy historiadores ni pensadores dedicados a las ciencias sociales. Sigue siendo fríamente técnica, abstracta y aséptica. La historia se presenta como el resultado de un vasto modelo que extrae sus datos de curvas demográficas, emisiones de partículas, indicadores econométricos, datos de productividad de las materias primas, pero no explica nada. Se demuestra el síntoma de la incapacidad para nombrar el problema al acercar nuestra conciencia a la gravedad del mismo, una incapacidad para medir su envergadura.

Entonces, para hablar de ello, aparte de la alegre luminosidad que irradian los envases verdes y las utopías comunitarias, quedan las ciencias exactas, la tecnología, la geoingeniería y el capitalismo verde. Todos estos elementos discursivos no son sino una mezcla liosa, por lo que abordamos continuamente la cuestión ecológica en medio de una confusión de referencias llena de nuevos modos de expresión. Se mezcla un poco de utopía con prácticas consumistas y datos parametrizados proporcionados por ingenieros salidos de las ciencias naturales. Pero esta última fuente de información es decisiva en la configuración colectiva de nuestra conciencia ecológica. Porque cumple una función ideológica de la que nuestro régimen actual no puede prescindir en absoluto, pues lo perpetúa, es decir, cumple la misión de hacer impensable la idea de su derrocamiento o su interrupción. O incluir la reflexión sobre la ecología en su propia y exclusiva dinámica histórica. No tenemos idea de hasta qué punto nuestro pensamiento ecológico depende de los elementos lingüísticos de la derecha liberal y capitalista. Bonneuil y Fressoz, y asimismo Clive Hamilton,[228] señalan que el término «Antropoceno» se lo debemos a Paul J. Crutzen, químico y meteorólogo que consideró por primera vez las consecuencias de un enfrentamiento nuclear durante la Guerra Fría, para luego renovar sus análisis basándose en cuestiones climáticas. Desde su punto de vista como arquitecto de la geoingeniería, el término «Antropoceno» no refleja arrogancia ni motivo de preocupación, sino, por el contrario, una misión de la humanidad. Desde un punto de vista imperialista, es el derecho de los sujetos humanos a dominar a los seres vivos y someter el clima para poder utilizarlos mejor. Se trata de métodos técnicos de carácter indiscutiblemente teórico que deberían permitir regular el clima del planeta, como si hubiera un termostato universal, a partir de elementos químicos enviados a la atmósfera, por ejemplo, o de infraestructuras que permitan reflejar los rayos del sol. La geoingeniería forma parte de una serie de enfoques destinados —para los poseedores de capital y los actores de la tecnociencia— a dotar al conocimiento instrumental de la capacidad de encontrar una solución a los problemas ecológicos del momento. El capitalismo y su prodigioso aparato de producción, por no hablar de su cultura basada en el consumo excesivo y el despilfarro, no pueden dedicar un solo momento a las causas del problema, sino a las ayudas que nos permiten seguir imaginando el futuro. Así, se supone que los paneles fotovoltaicos, las baterías avanzadas y las torres eólicas, o incluso la explotación de gas natural de forma no convencional, nos protegerán de las crisis ecológicas previstas, ya que se presentan (a menudo de forma abusiva) como emisores de menos gases de efecto invernadero, de esos que acentúan el calentamiento global..., pero se suelen obviar los efectos secundarios que, sin embargo, contribuyen a su aumento (la gran necesidad de minerales que causa este tipo de contaminación), y se ignoran otros aspectos de la ecología que estos procesos ponen en peligro: las aguas subterráneas, la tierra cultivable, los bosques, los estilos de vida tradicionales no contaminantes.

Los sofismas se enuncian en segundos, pero a veces se necesitan horas para exponer su futilidad. Veamos la declaración del presidente francés, Emmanuel Macron, con motivo de la vigesimosexta gran conferencia de las Naciones Unidas sobre el clima, celebrada en Glasgow. «Si no reindustrializamos el país, no podremos volver a convertirnos en una nación de innovación e investigación», dijo como si hubiese dado con la madre del cordero, para convencer a la gente de su intención de paliar el fenómeno del calentamiento global.

Los regímenes establecidos afirman conocer la ciencia del gobierno y coronarse con la sabiduría para liderar sociedades. De ahí que nunca respondan por lo hecho, ante su historia política. Monopolizan el orden del discurso equilibrado y razonable y así, de manera perentoria, consiguen enmascarar sus contradicciones para no detener la marcha destructiva que acabará con la vida en el planeta.

En primer lugar, Francia y sus socios del G20 se muestran arrogantes hasta el punto de hacer abiertamente de la crisis climática el tema de un nuevo mercado tecnológico que beneficia a las grandes empresas que la provocaron, al tiempo que cantan como alelados las antífonas de una lucha contra los problemas climáticos que nada tiene que ver con la realidad.

Así, para el inquilino del palacio del Elíseo, la «transformación profunda de nuestro modelo»[229] significa en realidad su intensificación. No se trata en modo alguno de minimizar el papel del mercado como mediador social, de sustraer al consumo nacional su función de motor de la economía, ni de revisar el poder excesivo que ostentan las nuevas soberanías privadas que son las multinacionales, sino, a pesar de la crisis ecológica sin precedentes en la que nos hundimos, de garantizar el mantenimiento del mercado como régimen organizativo, el papel que en él tiene el consumo de masas y la función dominante que corresponde a las multinacionales.

Los Estados incluso acentúan la cuestión cuando piden en términos velados a las multinacionales que garanticen la transición ecológica sin perjudicar sus intereses, es decir, garantizando el marco ideológico que les conviene. La crisis se les aparece como un mercado nuevo y muy grande. La ocasión ideal. Por eso el inquilino del Elíseo hace de la transición energética una «transición del consumo» apoyada por el Estado. Animamos a la gente corriente a equiparse con dispositivos supuestamente ecológicos. Sin embargo, este apoyo del Estado, que va desde el nivel individual hasta el territorial, pasando por las comunidades, supone un desplazamiento de la presión. Los paneles fotovoltaicos, las baterías avanzadas, los coches eléctricos, las torres eólicas y demás invenciones representan un atractivo que el mercado de la transición ecológica necesita para prosperar. Con el pretexto de minimizar la contaminación del aire, se presiona al sector minero para que produzca la infraestructura necesaria para transformar el sol, el aire y el agua en energía utilizable. Sin embargo, explotar las «tierras raras» o el uranio para generar esta energía y plantearse complicados trabajos industriales para reciclar —en un futuro no muy lejano, cuando estos aparatos se desgasten— los materiales que las componen, constituyen una fuente de contaminación muy importante. El problema se evita en el discurso político para dar un barniz de legitimidad a las «soluciones» propuestas.

Luego, queda convertir las terribles consecuencias de este tipo de explotación en un nuevo mercado. A partir de la Cumbre de la Tierra de Río de 1992, la climatología, la oceanografía, la pesca, la silvicultura y diferentes sectores de la biología incluyeron gestores de recursos que analizaban los seres vivos según una tabla de límites imaginarios, diseñada a partir de su modelización del mundo. Para hacer frente a lo más urgente, es decir, contener el aumento de la temperatura global por debajo del umbral crítico de 2ºC desde el inicio de la Revolución Industrial, los geoingenieros propusieron rociar a gran escala la atmósfera con sulfato, pintar de blanco kilómetros cuadrados de rocas, almacenar aleatoriamente carbono bajo tierra (como quien esconde el polvo debajo de la alfombra) o incluso fertilizar el océano con hierro para favorecer artificialmente, sin tener en cuenta el equilibrio del ecosistema, el crecimiento de algas que capturan CO_2.

Entonces, para controlar la asombrosa tasa de monóxido de carbono que ya se lanza a la atmósfera, los ideólogos ponen el mercado en el centro, pues ven en el problema la oportunidad para lucrarse con nuevas técnicas peligrosas, como la propulsión de partículas de azufre en las capas altas de la atmósfera, la pintura masiva de espacios rocosos de blanco o el almacenamiento de carbono en el subsuelo.[230] Todo, por tanto, para mantener en funcionamiento el actual régimen productivista, o incluso espolearlo.

NO HAY MÁS OPCIONES

La modernidad occidental ha dispuesto qué sujetos se pueden escoger. Y esta orden no es la menor de sus paradojas. Desde finales del siglo XVIII, la fundación de la República Francesa y su Declaración de los Derechos del Ciudadano, consecuencia y causa de una serie de tratados que definen la soberanía política como la capacidad de decidir, empezó a elevar la elección, la «libre» elección, al rango de lo sagrado. El lema: elegir siempre; no tener otra elección.

«Deliberar» es el término que prevalece para captar la propensión civilizada a discutir y reflexionar antes de decidir, y todo ello en un solo acto. Deliberamos directamente, sobre las formas de la deliberación, de una manera infinitamente especular. Los modernos quisieron la institucionalización de la política y el desarrollo de foros de deliberación como garantía de progreso.

Cuán distantes parecen en verdad estar la ética de Aristóteles y su análisis de la deliberación como una disposición necesariamente contenida dentro de ciertos límites, que él llamaba el «orden mundial», pero que también se refieren a los fundamentos de la geometría, a la meteorología, incluso a fenómenos culturales ajenos a los de su ciudad; había muchas cuestiones sobre las que no se sabía que se pudiera deliberar. La mente aceptó entonces enfrentarse a temas que se oponían al acto de elegir.

> ¿Deliberamos sobre todas las cosas y todo es objeto de deliberación, o sobre algunas cosas no es posible la deliberación? Quizá deba llamarse objeto de deliberación no aquello sobre lo cual podría deliberar un necio o un loco, sino aquello sobre lo que deliberaría un hombre de sano juicio. En efecto, nadie delibera sobre lo eterno, por ejemplo, sobre el cosmos, o sobre la diagonal y el lado, que son inconmensurables; ni sobre las cosas que están en movimiento, pero que ocurren siempre de la misma manera, o por necesidad, o por naturaleza o por cualquier otra causa, por ejemplo, sobre los solsticios y salidas de los astros; ni sobre las cosas que ocurren ya de una manera, ya de otra, por ejemplo, sobre las sequías y las lluvias; ni sobre lo que sucede por azar, por ejemplo, sobre el hallazgo de un tesoro. Tampoco deliberamos sobre todos los asuntos humanos, por ejemplo, ningún lacedemonio delibera sobre cómo los escitas estarán mejor gobernados, pues ninguna de estas cosas podría ocurrir por nuestra intervención. Deliberamos, entonces, sobre lo que está en nuestro poder y es realizable [...]. Y todos los hombres deliberan sobre lo que ellos mismos pueden hacer.[231]

Sin embargo, los modernos han ampliado constantemente las fronteras de la elección. Hasta tal punto que los raros temas que hoy siguen siendo tabú se consideran desafíos a la razón. La tecnología más moderna se ha vuelto tan eficiente que sobrepasa las concepciones tradicionales de la ética. En *Le principe responsabilité,* el filósofo Hans Jonas los presenta como totalmente obsoletos. «La técnica moderna ha introducido acciones de una magnitud tan nueva, con objetivos y consecuencias sin precedentes, que el marco de la ética anterior ya no puede contenerlas».[232] Cuando comenzamos, en nuestro tiempo, a medir el impacto del vasto aparato industrial en el clima del planeta y en el hábitat humano, observamos que las innovaciones de la civilización productivista son capaces de crear un nuevo sujeto, así como de realizar modificaciones de un alcance inconmensurable en el espacio y en el tiempo.

«El hombre ha sido uno de los objetivos de la tecnología», añade, pues considera que la biología celular trabaja para alargar la esperanza de vida hasta umbrales antes inimaginables, que la manipulación genética puede decidir la evolución del ser humano o que las ciencias biomédicas intervienen en el cerebro para influir profundamente en el comportamiento. Así, ese sujeto que antes se creía firmemente definido por atributos esenciales, y circunscrito a un radio de acción claramente delimitado, se ve relegado en la historia. A partir de ahora, una invención puede reivindicar una aplicación sin límites geográficos ni temporales. Sus efectos se vuelven en todos los casos difícilmente medibles o predecibles.

Jonas, ya en los años setenta, pensaba en casos de conciencia ética parecidos a los que la socióloga Céline Lafontaine abordó con detalle, cuarenta años después, en el ensayo *Le corps-marché,* en el cual estudia prácticas comerciales de «reingeniería corporal». «Al ofrecer una solución biológica a los problemas sociales que plantea la vejez —escribe—, la empresa se inscribe en una lógica de capitalización de la salud en la que los individuos están llamados a invertir financieramente para prolongar sus vidas».[233] Y, de hecho, la medicina ya no consiste en revertir tal o cual patología con métodos circunscritos, o en prevenir enfermedades mediante un estilo de vida adecuado, sino en combatir la degeneración natural.

El laboratorio americano Geron, por ejemplo, da verosimilitud a lo que podría parecer una alucinación: gracias a las investigaciones en el campo de la medicina regenerativa, de repente se atisba la posibilidad de duplicar la esperanza de vida para personas acomodadas. La distinción social relacionada con el poder adquisitivo quizás se base más en esta ostentosa ampliación de la gama de opciones que en el beneficio real de alargar efectivamente varios decenios la presencia de una persona en la tierra. En verdad, elegir la longevidad, ¿no conlleva cierto vértigo existencial? Son problemas de los ricos, allá ellos.

La biotecnología CRISPR, por su parte, dice ser una «tijera genética» capaz de fragmentar el ADN con fines terapéuticos antes del nacimiento, utilizando un enfoque abiertamente eugenésico.

> La posibilidad nueva, rápida, precisa y económica de manipular genes plantea cuestiones éticas, jurídicas y sociales. Con esta tecnología, los investigadores ahora pueden modificar las células de cualquier organismo vivo, incluidas las células germinales (espermatozoides y óvulos). Y ese es el problema. A diferencia de otras células, estas últimas transmiten la herencia genética a la descendencia. En otras palabras, los hijos podrían heredar manipulaciones genéticas que eventualmente se llevarán a cabo en las células germinales de sus padres.[234]

Aún no es legal, pero el hecho de que sea posible constituye ya una manera de hacer retroceder la frontera deliberativa.

Modificar el genoma humano mientras se encuentra en estado embrionario e intentar determinar su ADN también es una fantasía que hoy está al alcance de la mano. Todo comienza con experimentos que parecen virtuosos, como el realizado *in vitro* en China con las gemelas Lulu y Nana «para desactivar un gen que les confiere resistencia a la infección por el VIH, el virus responsable del sida».[235] La libertad que nos tomamos tiende a afectar a un tipo de sujeto que pretendemos constituir, como un régimen que entrena soldados adaptados a tareas específicas, un directivo insensible a la psicología, o una intervención en el cerebro para producir científicos eminentes. La ciencia ficción se vuelve insulsa comparada con estas historias.

Además, en la categoría de lo infinitamente pequeño, las modificaciones genéticas directas y la mutagénesis, que favorecen las mutaciones indirectas, transforman no solo nuestra relación con la naturaleza, sino su esencia. Los ensayos de este tipo se llevan a cabo la mayoría de las veces en laboratorios y en contextos estrictamente controlados, de modo que es imposible medir su impacto sobre el medio ambiente a gran escala y a largo plazo hasta que las estructuras vivas así creadas deliberadamente lo hayan ocupado. Y los pocos experimentos llevados a cabo sugieren lo peor: el maíz transgénico mata las abejas, contamina los campos y contribuye al empobrecimiento del suelo.

La elección de unos, la vida de otros

El alcance de nuestras elecciones nunca ha pesado tanto sobre la conciencia moral de la humanidad, pero los métodos de deliberación de la mayoría están, de hecho, considerablemente socavados. El «espectáculo» que denunció Guy Debord o el «fantasma» que vio Günther Anders, hace medio siglo, ante la organización ideológica y mediática que entonces enajenaba las mentes, no son nada comparados con los dispositivos de los que ahora se benefician las empresas, que utilizan potentes algoritmos para estrangular el razonamiento colectivo. Disponer del pensamiento de los demás parece algo sencillo, un nuevo mercado, pues se puede acceder al inconsciente de los internautas a través de la trazabilidad. En este sentido, la colaboración histórica entre Facebook, Google, Twitter, Cambridge Analytica y Donald Trump durante la campaña electoral estadounidense de 2016 provoca escalofríos.[236]

El sujeto sometido a vigilancia digital por su uso espontáneo de las redes sociales y permanentemente geolocalizado gracias a su teléfono «desaparece para ser reemplazado por su "perfil"», observa Pierre Henrichon en *Big Data: faut-il avoir peur de son nombre?* Las exigencias comerciales o políticas a las que se ve sometido se hacen a medida, de manera que acabamos creando un nuevo ser social. El control, añade Henrichon, «asesta un golpe que podría resultar fatal para la deliberación democrática y la acción colectiva».[237]

La consecuencia parece paradójica: en una civilización en la que triunfa el existencialismo y donde lo elegimos todo, nuestro albedrío se encuentra, sin embargo, neutralizado y comercializado. Pero la contradicción es solo aparente. Elegir se ha convertido en un acto extremadamente serio y una oligarquía ahora tiene tiempo para influir en la capacidad del mayor número de personas a la hora de tomar decisiones. Pero también para gobernar el orden de la vida en la tierra, al cual la mayoría deberá atenerse, y para apostar por avances tecnológicos que resultan ser auténticas bombas de efecto retardado para comunidades enteras; véase el almacenamiento de residuos nucleares.

Es precisamente lo que temía Hans Jonas, que pedía desesperadamente una ética creativa capaz de garantizar la conmensurabilidad y previsibilidad de las innovaciones técnicas. Esta propuesta imposible —desarrollar técnicas solo con la condición de controlar adónde nos lleva utilizarlas, tanto ahora como más adelante— demostraba ante todo una profunda preocupación: la llegada de un mundo donde la libertad de elección sea propiedad de las multinacionales y de las finanzas que dirigen a los sujetos, el clima, los territorios y los seres vivos.

Desde el punto de vista ideológico, esto se traduce en la sedicente cultura de libre elección para todos. En la ilusión democrática de la sociedad liberal, donde los poderosos legitiman su posesión de grandes latifundios, de propiedades industriales e intelectuales a través de un derecho universal a la propiedad —el mismo que permite al proletario ser dueño de su cuenco y de sus harapos—, «elegir» se convierte así, en la mente de las personas, en un bien inalienable y compartido que nada debe frustrar. El famoso «sé espontáneo» que nos vuelve locos va implícitamente precedido por un «sé deliberativo» que nos obsesiona. La carrera profesional, la ropa, los gustos culturales, las compras... parecen estar en el ámbito de las elecciones, aunque están controladas en gran medida por técnicas de manipulación. Y este derecho a elegir se abre entonces a cuestiones existenciales y filosóficas de profundidad abismal y que solo podríamos abordar con algunas reservas, a riesgo de parecer «fóbicos» en esta era ultraliberal.

La fuerza de las circunstancias

Ahora bien, a los occidentales les cuesta comprender que la realidad —el territorio, la vida en la tierra, el mundo— no es una superficie plana sobre la que se graban las formas que los sujetos han decidido libremente; que la persona no es absolutamente libre de tomar sus decisiones; que responde a un «dato» que, en gran medida, por definición, nos precede;[238] que la política, como la conducta individual, no es simplemente fruto de deliberaciones a partir del «me gusta» / «no me gusta», «me tienta» / «no me tienta», «lo quiero» / «no lo quiero». La idea de lo que nos es común, cualquiera que sea la escala en la que se despliega y el régimen público que lo enmarca, constituye un acompañamiento de la realidad, una dialéctica con sus fuerzas, sus imperativos y sus realidades que no están dentro del alcance de la decisión.

En este sentido, Hannah Arendt, en los ensayos que conforman *Las crisis de la República,* hace de la «fuerza» uno de los determinantes de la organización política. Entre estas modalidades que traduce mediante una serie de conceptos: «poder» (es decir, las disposiciones para gobernar conferidas por una comunidad que nos sostiene), «potencia» (que se basa en los atributos específicos de una persona), «autoridad» (supeditada a las prerrogativas formales de instituciones consolidadas) y «violencia» (que depende de la coerción más franca e inmediata), Arendt inserta y distingue lo que ocurre por *la force des choses* (en francés en el original de la autora alemana), en sí mismo, ajeno a cualquier deliberación, pero constitutivo de la realidad. Esta noción, precisa, «debería reservarse, en esta terminología, para designar las "fuerzas de la naturaleza" o de las "circunstancias" *(la force des choses),* es decir, la calificación de una energía que se libera con los movimientos físicos o sociales».[239]

Una pandemia mundial es uno de esos fenómenos; es el primer ejemplo que me viene a la cabeza. Pero, rápidamente, hay que sumarle el calentamiento global, que se ha vuelto irreversible y exponencial (el derretimiento de los glaciares reduce la reverberación de los rayos solares, lo que aumenta la temperatura del agua y tiene el efecto de acelerar este derretimiento, hasta el día que ceda el permafrost y libere los millones de toneladas de metano que contiene, lo que acentuará aún más la tendencia...), y su cuota de nuevas y terribles consecuencias, en particular la reducción de las superficies forestales, que reciclan el dióxido de carbono. Las olas de calor y las sequías, cada vez más frecuentes y graves, ya tienen repercusiones en la salud pública, en la agricultura y, por tanto, en la geopolítica, ya que grandes zonas se vuelven inhabitables y hay cientos de millones de refugiados climáticos que vagan por el mundo.

Por tanto, es necesario repensar la política según la relación que debe mantener con la realidad. Comprender, por ejemplo, que la perspectiva anunciada supone la muerte de una globalización industrial y financiera que se atiborra de petróleo y minerales y se despliega a una escala increíble para producir una sobreabundancia de bienes para menos de una quinta parte de la humanidad. Esto implica, por ejemplo, aceptar que el decrecimiento, la regionalización de la economía y la política, y la limitación de la actividad humana en el ciclo de las estaciones no nacen de un debate intelectual, en el sentido de una elección ideológica que emanaría de una elección soberana, sino de tener en cuenta la realidad. También implica comprender que las criaturas de la era industrial, como el régimen canadiense de inspiración colonial, corren el riesgo de implosionar. Pero, sobre todo, significa dejar de pensar en la política únicamente según el régimen de «elección», en el que las pequeñas libertades individuales se consuelan con las grandes que, en realidad, escapan a la mayoría.

Enunciar este futuro histórico imperativo no nace ni de un deseo ni de una voluntad específica, y mucho menos de una «elección», sino de la comprensión de las limitaciones de una época, y de que haríamos bien en afrontarlas. Integrar en nuestro vocabulario político la noción de «fuerza» en este sentido significa abandonar radicalmente el modo de pensar del sujeto occidental, que consiste en reducir todo a la voluntad humana.

Se trata, por tanto, de evitar que resuene en los medios de comunicación la estupidez de un voceras que, en la primavera de 2020, presentó el fenómeno de la desaceleración de la actividad productiva vinculado al primer confinamiento como ejemplo del fantasma del decrecimiento. «¿Le parece *cool* el decrecimiento? Es *fun* el decrecimiento, ¿verdad? Cada vez menos gente que consume, cada vez más gente se queda sin *job*, la bolsa se vuelve loca, la gente pierde sus ahorros… ¿Le parece apasionante el decrecimiento?».[240] ¿En qué se basa semejante sofisma? En el presupuesto de que cualquier posición política es voluntaria y define el mundo que queremos, en lugar de un mundo vivo y contingente con el que debemos volver a aprender a lidiar. Estos gestos de ignorancia dan lugar a algunas victorias en las urnas, como la del actual primer ministro de Ontario, Doug Ford, elegido tras una campaña en la que prometió, como si estuviera al alcance de un líder político, petróleo siempre abundante y barato. El revisionismo ecológico se convierte en caballo ganador en una campaña electoral.

Si todavía se trata de una cuestión de deliberación, nos queda fundamentalmente esta opción: o negar lo evidente en nombre de la sacrosanta libertad de elegir, o tomar conciencia de los crueles límites entre los cuales la historia encierra a la deliberación. El fantasma de la libertad, que gira notoriamente en torno a la cuestión de las opciones, ocupa todo el espectro político, de los libertarios a los revolucionarios, pasando por liberales, neoliberales y ultraliberales. Ahora, morimos por tener que elegir acerca de todo y morimos por pensar que todo es una cuestión de elección.

Hacernos cargo de lo que nos ha caído en suerte en este siglo, determinado en gran medida por la cuestión ecológica, significa volver a pensar con cierta humildad. Significa vincular con fuerza la reflexión a la historia y a imperativos que dominaremos mucho mejor si no seguimos negándolos hasta que, por causa de fuerza mayor, sean ellos los que se impongan.

Notas

[1] N. Elias, *Über den Prozeß der Zivilisation. Soziogenetische und psychogenetische Untersuchungen* [1939], en castellano *El proceso de la civilización. Investigaciones sociogenéticas y psicogenéticas,* R. García Cotarelo (tr.), Fondo de Cultura Económica, México, 1989[2].

[2] N. Achard, *Mon privilège, ton oppression. Et si prendre ma responsabilité pouvait changer le monde?,* Marabout, colección «Époque épique», Vanves, 2021.

[3] S. Lindqvist, *Exterminez toutes ces brutes. Un voyage à la source des génocides* [1992], Les Arènes, París, 2014; en castellano, *Exterminad a todos los salvajes,* C. Kristensen (tr.), Turner, Madrid, 2021.

[4] P. Blanchard y N. Bancel (dirs.), *Culture post-coloniale 1961-2006. Traces et mémoires coloniales en France* [2006], Autrement, colección «Mémoires», París, 2011.

[5] R. Azdouz, *Panser le passé, penser l'avenir. Racisme et antiracismes,* Édito, Montreal, 2021, p. 55.

[6] *Ibidem,* p. 28.

[7] L. Delaporte y M. Goanec, «Un vrai-faux colloque à la Sorbonne pour mener le procès du "wokisme"», *Mediapart,* 8 de enero 2022.

[8] Entrevista de Kimberlé Crenshaw concedida a Katy Steinmetz, «She Coined the Term "Intersectionality" Over 30 Years Ago. Here's What It Means to Her Today», *Time,* 20 de febrero de 2020.

[9] K. Crenshaw, «Mapping the Margins: Intersectionality, Identity Politics, and Violence against Women of Color», *Stanford Law Review,* 43.6 (julio de 1991), pp. 1241-1299.

[10] K. Crenshaw, «Démarginaliser l'intersection race/sexe: critique féministe de la doctrine antidiscriminatoire. De la théorie féministe et des politiques antiracistes», en M. Boussahba, E. Delanoë y S. Bakshi (dirs.), *Qu'est-ce que*

l'intersectionnalité? Dominations plurielles: sexe, classe et race, Payot & Rivages, colección «Petite Bibliothèque Payot», París, 2021, p. 281-329.

[11] A. J. Cooper, *A Voice from the South. By a Black Woman from the South* [1892], University of North Carolina Press, Chapel Hill, 2017.

[12] D. Verba, «Travail social et intersectionnalité, une liaison dangereuse?», *Actualités sociales hebdomadaires,* 3214, 18 de junio de 2021, pp. 34-35.

[13] R. Jean, «Le droit à la dissidence face au discours actuel sur l'identité de genre», en N. Baillargeon (dir.), *Liberté surveillée. Quelques essais sur la parole à l'intérieur et à l'extérieur du cadre académique,* Leméac, Montreal, 2019, pp. 182-183.

[14] Boussahba *et alii, Qu'est-ce que l'intersectionnalité?* [2021:19].

[15] Entrevista a Tania de Montaigne emitida en *c politique,* France 5, 7 de junio de 2020; e I. Ahmadi, «Privilège blanc: Tania de Montaigne exprime son désaccord avec Virginie Despentes», *Les Inrockuptibles,* 9 de junio de 2020. Véase, de T. de Montaigne, *L'assignation. Les Noirs n'existent pas,* Grasset, colección «Essais et documents», París, 2018.

[16] S. Marin y La Presse canadienne, «Des pistes de solution pour accroître la place des femmes au théâtre», *Le Soleil,* 5 de noviembre de 2019.

[17] M. Sondarjee, «Le droit de penser», *Nouveau Projet,* 20 (septiembre de 2021), p. 29.

[18] H. Charvin, «La longue route de la précarité des docteurs sur le territoire français», *Syndicat national de l'enseignement supérieur, Fédération syndicale unitaire,* 6 de septiembre de 2016.

[19] J. L. Martin, M. L. Sharp-Grier y K. Piker-King, «Prime Targets: Identity Markers as the Secret Rationale for the Preponderance of Bullying in Academe», en M. A. Paludi (dir.), *Bullies in the Workplace: Seeing and Stopping Adults Who Abuse Their Co-Workers and Employees,* Praeger, Wesport, 2015.

[20] A. Roy, «Le réel n'est pas sécuritaire», *L'Inconvénient,* 86 (otoño de 2021), p. 3.

[21] A. Cloutier, *Aimer, materner, jubiler. L'impensé féministe au Québec,* vlb, Montreal, 2014, p. 33.

[22] L. Martin, «Dans les coulisses du "déraillement" au Parti Vert», Radio-Canada, 30 de septiembre de 2021.

[23] H. Pilon-Larose, «Aussant recevra un salaire d'Option Nationale», *La Presse,* 3 de marzo de 2013; y R. Mathieu, «Aussant carbure au fric», *Vigile Québec,* 13 de agosto de 2013.

[24] A. Chervel, «La place du masculin dans la langue française: pourquoi le masculin l'emporte sur le féminin», en D. Manesse y G. Siouffi (dirs.), *Le féminin et le masculin dans la langue. L'écriture inclusive en questions,* esf Sciences Humaines, colección «Pédagogies», Montrouge, 2019.

[25] «Privilège», *Antidote 10,* Druide informatique, Montreal, 2020.

[26] I. X. Kendi, «The Greatest White Privilege Is Life Itself», *The Atlantic,* 24 de octubre de 2019.

[27] L. R. Jacobs, «Minnesota's Urban-Rural Divide Is No Lie», *Star Tribune,* 26 de junio de 2019, citado en B. Bréville, «Quand les grandes villes font sécession», *Le Monde diplomatique,* marzo de 2020, pp. 1 y 16-17.

[28] T. Judt, *Le marxisme et la gauche française. 1830-1981* [1986], Hachette, colección «La force des idées», París, 1987, p. 17.

[29] A. Deneault, *De quoi Total est-elle la somme? Multinationales et perversion du droit,* Rue de l'Échiquier-Écosociété, París-Montreal, 2017, pp. 137 y 261; pp. 101 y 195.

[30] C. Liu, *Virtue Hoarders: The Case against the Professional Managerial Class,* University of Minnesota Press, colección «Ideas First», Minneapolis, 2021, p. 9.

[31] *Ibidem.*

[32] E. Illouz, *Les sentiments du capitalisme,* Seuil, París, 2006, p. 32. En castellano, puede verse, por ejemplo, E. Illouz (dir.), *Capitalismo, consumo y autenticidad. Las emociones como mercancía,* S. Mastrangelo (tr.), Katz Barpal Editores, Móstoles-Buenos Aires, 2019.

[33] *Ibidem,* p. 36.

[34] C. Larrère (dir.), *Les inégalités environnementales,* PUF, colección «La vie des idées», París, 2017; y A. Lanctôt, *Les libéraux n'aiment pas les femmes. Essai sur l'austérité,* Lux, colección «Lettres libres», Montreal, 2015.

[35] M. Cabirol, «Lockheed Martin, meilleur vendeur d'armes de la planète», *La Tribune,* 27 de febrero de 2012.

[36] Ch. F. Rufo, «The Woke-Industrial Complex», *City Journal,* 26 de mayo de 2021.

[37] M. Correia, «Le "wokewashing", la nouvelle stratégie des majors pétrolières», *Mediapart,* 22 de enero de 2022.

[38] R. Fantasia, «La gauche cannibale, un syndrome universitaire», *Le Monde diplomatique,* agosto de 2019.

[39] C. Liu, *Virtue Hoarders* [2021:29].

[40] A. Chemin, «"Manterrupting", le sexisme ordinaire sur la voix publique», *Le Monde,* 2 de marzo de 2017.

[41] Entrevista a Gérald Darmanin, ministro francés de Interior, concedida a Apolline de Malherbe, *Bourdin direct,* RMC/BFMTV, 8 de febrero de 2022.

[42] A.-Ch. Dancourt, «Vidéo: Arnaud Montebourg a-t-il un problème avec les femmes?», *Les Inrockuptibles,* 7 de diciembre de 2016; y A. Guyard, «Arnaud Montebourg vexé par les questions d'une journaliste», *Gala,* 30 de agosto de 2014.

[43] J. GRAND'MAISON, *Quand le jugement fout le camp,* Fides, Montreal, 1999, citado en R. Azdouz, *Panser le passé* [2021:108].

[44] A. CLOUTIER, *Aimer, materner, jubiler. L'impensé féministe au Québec,* VLB, Montreal, 2014, p. 32.

[45] M. ABDELMOUMEN, *Baldwin, Styron et moi,* Mémoire d'encrier, colección «Essai», Montreal, 2022; R. Azdouz, *Panser le passé* [2021]; R. SAINT-ÉLOI y Y. EL-GHADBAN, *Les racistes n'ont jamais vu la mer,* Mémoire d'encrier, colección «Récit», 2021; y S. KUPER, «Entre "woke" et "anti-woke", une troisième voie est possible», *Courrier international,* nº 1623, 13 de diciembre de 2021, p. 38 [traducción de «Yes, There Is a Third Way on "Wokeness"», *Financial Times,* 25 de noviembre de 2021].

[46] La Presse canadienne, «La Nouvelle-Écosse paie l'amende imposée à Viola Desmond en 1946», *ICI Nouvelle-Écosse,* 4 de febrero de 2021.

[47] S. BAILLARGEON, «Le mythe du bon Québec», *Le Devoir,* 4 de junio de 2021.

[48] G. ARSENAULT, «Vive les territoires non cédés?», *La Presse,* 27 de octubre de 2021.

[49] Véase sobre todo el documental de derechas de Sanglier Sympa, «Evergreen et les dérives du progressisme», YouTube, 8 de julio de 2019; y la réplica «Krayn réagit à la vidéo "polémique" de Sanglier Sympa», YouTube, 7 de septiembre de 2020.

[50] *Ombudsman* de Radio-Canada, «Ce mot dans la bouche d'un Blanc est-il une grenade? (Le 15-18)», revisión de una queja, Radio-Canada, 26 de octubre de 2020.

[51] P. VALLIÈRES, *Nègres blancs d'Amérique, autobiographie précoce d'un «terroriste» québécois,* Éditions Parti pris, Montreal, 1968; en inglés, *White Niggers of America: The Precocious Autobiography of a Quebec Terrorist,* J. Pinkham (tr.), Monthly Review Press, Nueva York, 1971. *(Nota del editor español).*

[52] F. FANON, *Les damnés de la terre* [1961], La Découverte, colección «Poche», París, 2004; en castellano, *Los condenados de la tierra,* Txalaparta, Pamplona, 1999.

[53] P. BIARNÈS, «Négritude et marxisme», *Le Monde,* 28 de abril de 1971.

[54] I. HACHEY, «Quand la conteuse d'histoires devient l'histoire», *La Presse,* 8 de julio de 2021, y J.-F. Nadeau, «L'espoir», *Le Devoir,* 28 de septiembre de 2020.

[55] P. VALLIÈRES, «Mémorable», *Souverains anonymes,* 15 de junio de 1990.

[56] *«We refuse to be divided from our brothers in the FLQ by malicious lies. We support you in your trial. Your experiences are no different from those of true patriots everywhere and at any time who resist against tyranny»,* citado en N. M. REGUSH, *Pierre Vallieres: The Revolutionary Process in Quebec,* Dial Press, Nueva York, 1973, p. 5.

[57] Sobre el racismo anglo-canadiense hacia el franco-canadiense, véase P. H. RUSSELL, «The Provincialization of French Canada», en *Canada's Odyssey: A*

Country Based on Incomplete Conquests, University of Toronto Press, Toronto, 2017, pp. 211-244.

[58] P. Vallières, *Nègres blancs d'Amérique* [1968:81-82].

[59] A. Perraud, «Aux origines de notre cauchemar politique: l'effet Le Pen en 1984», *Mediapart,* 4 de noviembre de 2021.

[60] S. Roza, *La gauche contre les Lumières?,* Fayard, colección «Raison de plus», París, 2020; en castellano, *¿La izquierda contra la Ilustración?,* S. Senosiain (tr.), Laetoli, Pamplona, 2023.

[61] W. Grondin, «Perspective et débat sur l'utilisation du "mot en n". Du signifié à l'in-signifiant», *L'Esprit libre,* 22 de enero de 2021.

[62] Entrevista de Charles Le Blanc concedida a Sophie Durocher, «On n'est pas obligé d'être d'accord», QUB Radio, 28 de octubre de 2020. Véase también A. Gilbert, M. Prévost y G. Tellier (dirs.), *Libertés malmenées. Chronique d'une année trouble à l'Université d'Ottawa,* Leméac, Montreal, 2022.

[63] Aristóteles, *Ética a Nicómaco,* II, § 5, 1106b27. Edición española, *Ética Nicomáquea,* E. Lledó Íñigo (int.), J. Pallí Bonet (ed.), Gredos (BCG, 89), Madrid, 1993, la cita en la p. 168.

[64] *Ibidem,* II, § 5, 1106b16-23; p. 168 de la edición citada.

[65] *Ibidem,* II, § 5, 1105b-1106a; p. 116.

[66] *Ibidem,* I, § 2, 1094b20; p. 131.

[67] *Ibidem,* I, § 2, 1095a, 1-10; p. 132.

[68] P. Bayard, «Qu'est-ce qu'un délire?», en *Qui a tué Roger Ackroyd?* [1998], Éditions de Minuit, colección «Double», París, 2008, pp. 114-124.

[69] *Ibidem,* p. 119.

[70] Aristóteles, *Ética nicomáquea,* I, § 2, 1095a10-11.

[71] P. Loraux, «La dernière précision», en *Le tempo de la pensée,* Seuil, colección «Librairie du XXe siècle», París, 1993.

[72] J. Rancière, *La mésentente. Politique et philosophie,* Galilée, colección «La philosophie en effet», París, 1995, pp. 33-34 y 49; en castellano, *Disenso. Ensayos sobre estética y política,* Fondo de Cultura Económica, México, 2020.

[73] R. Azdouz, *Panser le passé* [2021:70].

[74] R. Keucheyan, *La nature est un champ de bataille. Essai d'écologie politique* [2014], La Découverte, colección «Poche», París, 2018; en castellano, *La naturaleza es un campo de batalla,* V. Goldstein (tr.), Clave intelectual, Madrid, 2016.

[75] J. Rancière, *La mésentente* [1995:173].

[76] *Ibidem.*

[77] *Ibidem.*

[78] J. Rancière, «Préface» a W. T. Lhamon Jr., *Peaux blanches, masques noirs. Performances du blackface, de Jim Crow au hip-hop* [1998], Zones sensibles, Bruselas, 2021.

[79] *Ibidem,* p. 8.

[80] C. de VITRY, *Le prix de l'or,* autodistribuido, 2007, 52 minutos; y *L'or nègre,* Tahin Party, Lyon, 2009.

[81] P. MBEKO, *Le Canada dans les guerres en Afrique centrale. Génocides et pillages des ressources minières du Congo par le Rwanda interposé,* Le Nègre éditeur, Aix-en-Provence, 2011.

[82] B. NDALA, *Sans capote ni Kalachnikov,* Mémoire d'encrier, Montreal, 2017.

[83] M. BELLEMARE, *Cœur minéral. Ou Intérêts et contreparties: la pépite que nous sommes,* Dramaturges Éditeurs, colección «Théâtre», Montreal, 2019.

[84] Ph. DUCROS, *La porte du non-retour. Déambulatoire théâtral et photographique,* L'instant même, colección «L'instant scène», Quebec, 2012.

[85] H. PILON-LAROSE, «Une majorité de professeurs pratiquent l'autocensure», *La Presse+,* 29 de septiembre de 2021.

[86] H. SEARLES, *L'effort pour rendre l'autre fou,* Gallimard, colección «Connaissance de l'inconscient», París, 1997.

[87] A. MBEMBE, *De la postcolonie. Essai sur l'imagination politique dans l'Afrique contemporaine,* Karthala, colección «Les Afriques», París, 2000.

[88] A. MEMMI, «Portrait du colonisateur», en *Portrait du colonisé* [1957], Gallimard, colección «Blanche», 1985.

[89] «Georges Bataille (1897-1962)», entrevista a Patrick Waldberg concedida a Catherine PONT-HUMBERT, *Le mardi des auteurs,* France Culture, 3 de junio de 2007.

[90] C. PREVE, *Histoire critique du marxisme. De la naissance de Marx à la dissolution du communisme historique du XX*[e] *siècle* [2007], Armand Colin, colección «U Philosophie», 2011, p. 147.

[91] Ch. LAVAL, «Le mouvement des "communs" peut-il réactiver la démocratie?», conferencia en INRIA Grenoble, ciclo «Comprendre et Agir», 30 de noviembre de 2017.

[92] P. DARDOT y Ch. LAVAL, *Commun. Essai sur la révolution du XXI*[e] *siècle,* La Découverte, París, 2014.

[93] Como en el clásico E. OSTROM, *La gouvernance des biens communs. Pour une nouvelle approche des ressources naturelles* [1990], De Boeck, colección «Planète en jeu», Bruselas, 2010.

[94] A. DENEAULT, «Gouvernance». *Le management totalitaire,* Lux, colección «Lettres libres», Montreal, 2013; *idem, La médiocratie,* Lux, colección «Lettres libres», Montreal, 2015; hay edición española como *Mediocracia: Cuando los mediocres toman el poder,* J. Fajardo (tr.), Turner, Madrid, 2019.

[95] Entrevista a Étienne LE ROY realizada por Gabriela COMAN y Alain DENEAULT, «Étienne Le Roy. Le droit, ennemi du commun», *Liberté,* 306 (invierno de 2015).

[96] M. Bookchin, *Une société à refaire. Vers une écologie de la liberté* [1993], Écosociété, coleción «Retrouvailles», Montreal, 2011, p. 248; en castellano, *Rehacer la sociedad. Senderos hacia un futuro verde,* P. Abufon Silva (ed.), Santiago de Chile, Lom editorial, 2012.

[97] Para la teoría del *rendre révolu,* véase A. Deneault, *La médiocratie* [2015:191]. *(N. del T.).*

[98] D. Worster, *Les pionniers de l'écologie. Nature's Economy* [1977], Sang de la Terre, colección «La pensée écologique», París, 2009, pp. 75-76.

[99] D. Wallace-Wells, *La Terre inhabitable. Vivre avec 4 °C de plus* [2019], Robert Laffont, París, 2020. Edición en castellano: *El planeta inhóspito: La vida después del calentamiento,* M. Pérez Sánchez (tr.), Debate, Barcelona, 2023.

[100] S. Díaz *et alii,* «Résumé à l'intention des décideurs du rapport sur l'évaluation mondiale de la biodiversité et des services écosystémiques de la Plateforme intergouvernementale scientifique et politique sur la biodiversité et les services écosystémiques», *Rapport de la Plénière de la Plateforme intergouvernementale scientifique et politique sur la biodiversité et les services écosystémiques sur les travaux de sa septième session,* IPBES, Bonn, 2019.

[101] M.-M. Robin, *La fabrique des pandémies. Préserver la biodiversité, un impératif pour la santé planétaire,* La Découverte, colección «Cahiers libres», 2021.

[102] G. Haddad, *Dans la main droite de Dieu. Psychanalyse du fanatisme* [2015], Premier parallèle, colección «Générale», París 2018, p. 18.

[103] R. Gori, *Un monde sans esprit. La fabrique des terrorismes* [2017], Arles, Actes Sud, colección «Babel», 2018. Véase también M.-L. Susini, *Éloge de la corruption,* Fayard, colección «Documents, témoignages», 2008, París, p. 9.

[104] Sobre la figura del «experto», véase O. Aktouf, *La stratégie de l'autruche. Post-mondialisation, management et rationalité économique,* Écosociété, Montreal, 2002.

[105] I. Garo, *L'idéologie ou la pensée embarquée,* La Fabrique, París, 2009.

[106] A. Deneault, *L'économie psychique,* Lux, serie «Feuilleton théorique, 4», Montreal, 2021.

[107] M. Horkheimer, «Théorie traditionnelle et théorie critique», en *Théorie critique* [1937], Payot, colección «Critique de la politique», París, 2009. En castellano, *Teoría crítica,* E. Albizu y C. Luis (trs.), Amorrortu, Buenos Aires-Madrid, 2003.

[108] Citada por R. Barthes en «Écrivains et écrivants», en *Essais critiques* [1961], Seuil, colección «Tel quel», París, 1964. En castellano, *Ensayos críticos,* C. Pujol Jaumandreu (tr.), Seix Barral, Barcelona, 2011.

[109] Un ejemplo, el del artículo 412-2 del Código Penal francés: «Constituye conspiración la resolución alcanzada entre varias personas para cometer un

atentado cuando esta resolución se concreta en uno o más actos materiales. La conspiración se castiga con diez años de prisión y una multa de 150.000 euros».

[110] A. El Aswany, «La théorie du complot», en *Le syndrome de la dictature* [2019], Actes Sud, Arles, 2020.

[111] Th. Frank, «Paranoïas américaines, le legs de l'ère Trump», *Le Monde diplomatique,* febrero de 2021, pp. 1, 8 y 9; y S. Halimi y P. Rimbert, «Comment Donald Trump et les médias ont ravagé la vie publique», *Le Monde diplomatique,* marzo de 2021, pp. 20-21.

[112] Colectivo Reinfo Covid, «Questionner, comprendre, agir», conferencia de prensa, 3 de noviembre de 2021; y É. Martel, «Cette médecin est non vaccinée contre la Covid-19. Voici pourquoi», *Métro,* 21 de noviembre de 2021.

[113] N. De Rosa, «Une conférence de presse virale présente des informations trompeuses sur les vaccins», Radio-Canada, 13 de noviembre de 2021.

[114] M.-A. Chouinard, «Mise au point», *Le Devoir,* 28 de enero de 2022; F. Pelletier, «La pandémie revue et corrigée», *Le Devoir,* 26 de enero de 2022.

[115] O. Fournout, «Controverses sur le Covid-19: stop ou encore?», *Atlantico,* 8 de octubre de 2020.

[116] P. Sormany, «La vaccination fait apparaître des virus plus dangereux? Faux», *Agence Science-Presse,* 31 de marzo de 2021, artículo reproducido literalmente por las autoridades públicas, que declaran financiar este órgano de prensa: «La vaccination fait apparaître des virus plus dangereux ? Faux», Scientifique en chef, Gouvernement du Québec, 1 de abril de 2021.

[117] B. C. Martinson, M. S. Anderson y R. de Vries «Scientists Behaving Badly», *Nature,* 435.7043 (9 de junio de 2005), pp. 737-738. Véase también, C. Hedges, *L'empire de l'illusion. La mort de la culture et le triomphe du spectacle* [2009], Lux, colección «Futur proche», Montreal, 2012; V. Lucchese, «Peut-on encore se fier aux études scientifiques?», *Usbek & Rica,* 7 de enero de 2018; y M.-M. Robin, *Le monde selon Monsanto. De la dioxine aux OGM, une multinationale qui vous veut du bien,* Arte-La Découverte, colección «Cahiers libres», Issy-les-Moulineaux/París, 2008.

[118] Entre mil fuentes más, P. Barthélémy, «La fraude scientifique est plus répandue qu'on le croit», *Le Monde,* 3 de octubre de 2012; o A. Gillis, «Le cancer qui ronge la science», *L'Actualité,* 6 de noviembre de 2019.

[119] W. Audureau, «Les paradoxes de Louis Fouché, le docteur antivax», *Le Monde,* 8 de junio de 2021.

[120] N. De Rosa, «La désinformation d'un médecin de famille, au-delà d'une lettre ouverte», Radio-Canada, 30 de octubre de 2021.

[121] T. Bartlett, «The Vaccine Scientist Spreading Vaccine Misinformation», *The Atlantic,* 12 de agosto de 2021.

[122] J. Yates *et alii,* «Voici la désinformation qui circule à propos de la COVID-19», Radio-Canada, 26 de marzo de 2020.

[123] S. Long, «Les médecins réfractaires à la vaccination anti-Covid, votre coup de gueule 2021», *Le Quotidien du médecin,* 30 de diciembre de 2021.

[124] «Interview Geert Vanden Bossche», *BAM! Belgian Alternative Media,* 21 de diciembre de 2021.

[125] Dra. Anne De Clerck, Dr. Bart Lambert, Dr. Dirk Bultinck, Dr. Eric Beeth, Dr. Gaëtane Beeckaert, Dr. Geert Verhelst, Dra. Hilde De Smet, Dr. Jean-Luc Vanderlinden, Dr. Johan Denis, Dr. Leo Van den Bossche, Dr. Pieter Lanoye y Dr. Steven Devos, que firmaron «Ce vaccin est-il nécessaire, sécure et efficient? Fiche d'information vaccination contre Covid-19», enero de 2021.

[126] M. Foucault, «Crise de la médecine ou crise de l'antimédecine» [1976], dans *Dits et écrits. 1954-1988,* III, 1976-1979, Gallimard, colección «Bibliothèque des sciences humaines», París, 1994, pp. 57-58.

[127] E. de La Roche Saint-André, «Dans quel cadre les figures antivax Perronne, Montagnier ou Henrion-Caude ont-elles été reçues au Parlement du Luxembourg?», *Libération,* 20 de enero de 2022.

[128] B. Sikouk y A. Maad, «L'ivermectine, traitement miracle contre le Covid-19 ou mirage thérapeutique?», *Le Monde,* 13 de abril de 2021. Véase también Institut Pasteur, «L'ivermectine atténue les symptômes de la Covid-19 dans un modèle animal», comunicado de prensa, 12 de julio de 2021.

[129] Véase la representación del realizador H. Verneuil, *I... comme Icare,* Antenne 2 / V Films, 1979, 122 minutos.

[130] «"Il faut arrêter de se focaliser sur les contaminations", insiste une épidémiologiste», entrevista a Alice Desbiolles realizada por Sonia Mabrouk, Europe 1, 5 de enero de 2022.

[131] B. Gracián, *El criticón* [1651, 1653 y 1657], primera parte, crisis sexta, párrafo Mentira plausible, E. Blanco (ed.), Biblioteca Castro, Madrid, 1993, p. 80.

[132] Z. Chaffin, «Covid-19: comment Pfizer a remporté la bataille des laboratoires», *Le Monde,* 1 de enero de 2022; y R. Le Saint, «Le vaccin de Pfizer, une machine à profits démesurés», *Mediapart,* 2 de febrero de 2022.

[133] I. Paré, «On court derrière un train qui va plus vite que nous», *Le Devoir,* 14 de enero de 2022.

[134] N. Herzberg, «Vaccins contre le Covid-19: faudra-t-il une quatrième dose?», *Le Monde,* 13 de enero de 2022.

[135] «Joe Rogan New Year's Eve Tutorial on Corporate Crime in the Pharmaceutical Industry», *Corporate Crime Reporter,* 31 de diciembre de 2021; y «Pfizer est l'entreprise la plus condamnée au monde dans le domaine de la santé», *La Relève et La Peste,* 16 de diciembre de 2021.

[136] «Sans données fiables sur la Covid-19, le Canada navigue à l'aveugle, selon des experts», Radio-Canada, 5 de enero de 2022.

[137] «Covid-19: quel est le nouveau variant apparu en Afrique du Sud?», TV5 Monde, 26 de noviembre de 2021.

[138] N. Machouf, «Omicron et troisième dose: symbole d'une stratégie à courte vue», *La Presse,* 29 de diciembre de 2021. Véase también *Une double dose d'inégalité. Les laboratoires pharmaceutiques et la crise des vaccins contre le Covid-19,* Londres, Amnesty international, 2021; puede oírse a Joanne Liu, entrevista concedida a Maxime Coutié, *Tout un matin,* Radio-Canada, 3 de enero de 2022.

[139] M. Désy *et alii, Cadre de réflexion sur les enjeux éthiques liés à la pandémie de Covid-19,* Comité d'éthique de santé publique et Commission de l'éthique en science et en technologie, Gouvernement du Québec, Quebec, 2020; y M. Désy *et alii, Enjeux éthiques de la pandémie de Covid-19: précaution et déconfinement,* Comité d'éthique de santé publique et Commission de l'éthique en science et en technologie, Gouvernement du Québec, Quebec, 2020.

[140] R. Bacqué, *L'enfer de Matignon. Ce sont eux qui en parlent le mieux,* Albin Michel, colección «Documents», París, 2008, p. 170. Véase también el documental de R. Bacqué y P. Kohly, *L'enfer de Matignon,* Zadig Productions, 2008, 208 minutos.

[141] M. Désy *et alii, Cadre de réflexion* [2020].

[142] M. Désy *et alii, Enjeux éthiques* [2020].

[143] H. M. Enzensberger, *Culture ou mise en condition?* [1962], Union générale d'édition, colección «10-18», París, 1973, pp. 96-97. En castellano, *Detalles [Einzelheiten],* N. Ancochea Millet (tr.), Anagrama, Barcelona, 2006.

[144] IPBES, «Échapper à l'"ère des pandémies": les experts mettent en garde contre de pires crises à venir. Options proposées pour réduire les risques», 16 de noviembre de 2020.

[145] M.-M. Robin, *La fabrique des pandémies* [2021:14 y 119-122].

[146] «"Il faut arrêter de se focaliser sur les contaminations", insiste une épidémiologiste», entrevista de Alice Desbiolles concedida a Sonia Mabrouk, Europe 1, 5 de enero de 2022.

[147] R. Horton, «Offline: Covid-19 Is Not a Pandemic», *The Lancet,* 396.10255 (septiembre de 2020), p. 874. A propósito, también B. Stiegler, *De la démocratie en pandémie. Santé, recherche, éducation,* Gallimard, colección «Tracts», París, 2021.

[148] L.-Ph. Lampron, *Maudites chartes! 10 ans d'assauts contre la démocratie des droits et libertés,* Somme toute, colección «Manifestement», Montreal, 2022; y «L'état d'urgence permanent subvertit en profondeur l'Etat de droit», entrevista de Stéphanie Hennette-Vauchez concedida à Anne Chemin, *Le Monde,* 21 de enero de 2022.

[149] D. Guinot, «Le Covid-19 pourrait accélérer le déclin de l'argent liquide», *Le Figaro,* 7 de abril de 2020.

[150] S. Oli, «Canada's Public Health Agency Admits It Tracked 33 Million Mobile Devices during Lockdown», *National Post,* 24 de diciembre de 2021.

[151] La Presse canadienne, «Les non-vaccinés privés d'assurance-emploi tant que la pandémie est au premier plan», Radio-Canada, 30 de diciembre de 2021.

[152] E. Salvi, «Face aux non-vaccinés, Emmanuel Macron invente la déchéance de citoyenneté», *Mediapart,* 5 de enero de 2022.

[153] B. Fellous y D. Smadja, «"La loi doit sanctionner ceux qui refusent le vaccin et transmettent le virus": l'appel d'un médecin et d'un avocat», *Le Parisien,* 9 de enero de 2022.

[154] «À Rotterdam, la police a tiré à balles réelles lors d'émeutes contre les restrictions sanitaires», Radio Télévision Suisse (rts), 20 de noviembre de 2021.

[155] «Manifestations et blocage: Ottawa invoque la Loi sur les mesures d'urgence», Radio-Canada, 14 de febrero de 2022.

[156] D. Gentile y D. Boily, «Le personnel soignant exaspéré des patients covid non vaccinés», Radio-Canada, 26 de agosto de 2021.

[157] V. Mignerot, «Les pandémies ne sont jamais loin», *Kairos,* 23, febrero-marzo de 2016.

[158] T. Hopper, «"Its Ethics Are Entirely Nihilist": Stephen Harper Slams "woke" Left in Rare Interview», *National Post,* 30 de julio de 2021.

[159] R. Hétu, «Vers une université anti-woke», *La Presse,* 15 de noviembre de 2021.

[160] E. Roudinesco, «"On ne combat pas des dérives en faisant la guerre à l'intelligence"», *Le Monde,* 19 de enero de 2022.

[161] Association Canadienne des Professeures et Professeurs d'Université, «Mesure exceptionnelle: le Conseil de l'acppu prononce un blâme contre l'Université de Toronto concernant la controverse liée à l'embauche de Valentina Azarova», comunicado de prensa, 22 de abril de 2021.

[162] F. Pope, «Miller Is Gone but He Is Only Tip of the Iceberg», *The Jewish Chronicle,* 7 de octubre de 2021.

[163] F. Arnould, «La guerre contre les livres bat son plein aux États-Unis», Radio-Canada, 29 de enero de 2022.

[164] D. Perrotin, «Accusations d'islamophobie: la direction de Sciences Po Grenoble a laissé le conflit s'envenimer», *Mediapart,* 11 de marzo de 2021; y A. Garrigou, «Le management contre les libertés académiques», *Le Monde diplomatique,* 8 de enero de 2022.

[165] «Sciences Po Grenoble: "L'intrusion politique de Wauquiez est inédite"», entrevista de Frédéric Sawicki concedida a Fabien Escalona, *Mediapart,* 21 de diciembre de 2021.

[166] A. Buisson, «Les conservateurs américains mènent leur "guerre culturelle" dans les salles de classe», *Mediapart,* 31 de agosto de 2021.

[167] M. Fortier, «Le retour d'une presse déshonorée?», *La Presse,* 20 de noviembre de 2021.

[168] «Décompte du temps de parole de Zemmour: "On aurait pu avoir ce débat il y a longtemps déjà"», entrevista a Rachid Arhab, «À l'air libre», *Mediapart,* 13 de septiembre de 2021.

[169] Entrevista de Jean-Baptiste Rivoire en *Le Système B. L'information selon Vincent Bolloré,* Reporters Sans Frontière, 2021, 16 minutos.

[170] R. Hétu, «La dérive autoritaire du Parti républicain», *La Presse,* 22 de noviembre 2021; L. Mauduit, «Vincent Bolloré lorgne "Le Figaro"», *Mediapart,* 20 de noviembre de 2021; R. Bacqué y A. Chemin, «Comment Vincent Bolloré mobilise son empire médiatique pour peser sur la présidentielle», *Le Monde,* 16 de noviembre de 2021.

[171] «Tisseur se tourne vers les tribunaux pour museler l'opposition à la nouvelle prison pour migrant.e.s», *Solidarité Sans Frontières,* 27 de agosto de 2019.

[172] «Fired College Instructor's Views on Glyphosate at Root of Dismissal, Says Former Colleague», CBC, 3 de julio de 2019; A. Boudreau, «Une caricature de trop pour Michael de Adder», *Acadie nouvelle,* 1 de julio de 2019. Véase también A. Deneault, «La famille Irving, un féodalisme canadien», *Le Monde diplomatique,* abril de 2019.

[173] C. Hedges, *L'empire de l'illusion. La mort de la culture et le triomphe du spectacle* [2009], Lux, colección «Futur proche», Montreal, 2012, pp. 119-120.

[174] A. Deneault, D. Abadie y W. Sacher, *Noir Canada. Pillage, corruption et criminalité en Afrique,* Écosociété, Montreal, 2008.

[175] O. Aktouf, «Enjeux de méthode», informe de experto, 12 de enero de 2008, disponible en Palais de Justice de Montréal.

[176] C. Hedges, *L'empire de l'illusion...* [2012:120].

[177] L. Rees, *Ils ont vécu sous le nazisme* [2008], Perrin, colección «Temps», París, 2009, p. 148.

[178] Por orden de aparición: «Les entreprises revoient leurs valeurs», *Stratégies,* 8 de septiembre 2005; «Total n'est ni un outil politique ni une ONG», *Le Parisien,* 11 de septiembre de 2009; «"Total" en Birmanie: genèse d'une polémique», *France Info,* 2 de noviembre de 2011. Citados en A. Deneault, *De quoi Total est-elle la somme? Multinationales et perversion du droit,* Rue de l'Échiquier-Écosociété, 2017, París-Montreal, p. 362.

[179] Véase A. Deneault, el folletón teórico por entregas titulado *Les économies* aparecido en Lux Éditeur: *L'économie de la nature,* 2019; *L'économie de la foi,* 2019, *L'économie esthétique,* 2020 y *L'économie psychique,* 2021.

[180] P. Combe y Ph. Deschamps, *Éthique en toc. Le management des valeurs en entreprise,* Les Presses du management, París, 1996, pp. 44-45.

[181] J. Moussé, *Éthique des affaires: liberté, responsabilité. Le décideur face à la question éthique,* Dunod, París, 2001, p. 10.

[182] J. Bakan, *La corporation. La soif pathologique de profit et de pouvoir,* Transcontinental, colección «Commerce», Montreal, 2004; y el documental con el mismo título dirigido junto con Mark Achbar y Jennifer Abbott, *The Corporation,* Big Picture Media Corporation, 2003, 145 minutos.

[183] J. Bakan, *La corporation* [2004].

[184] F. Nietzsche, *Genealogía de la moral* [1887], libro II, § 4. El segundo tratado está dedicado a la culpa, a la mala conciencia y a «cosas afines». Hay muchas ediciones en castellano, por ejemplo la de A. Sánchez Pascual (tr.), Alianza Editorial (El libro de bolsillo), Madrid, 2011.

[185] *Ibidem,* libro II, § 4 y § 6.

[186] *Ibidem,* libro II, § 4.

[187] *Ibidem,* § 5.

[188] J.-F. Daigne, *L'éthique financière,* Presses universitaires de France, colección «Que sais-je?», París, 1991, p. 8.

[189] O. Gélinier, *L'éthique des affaires. Halte à la dérive!,* Seuil, París, 1991.

[190] Combe y Deschamps, *Éthique en toc…* [1996:30].

[191] D. Corfmat, M. Chambault y G. Nurdin (dirs.), *Gouvernance et éthique des affaires. Recommandations pour une meilleure gouvernance en entreprises moyennes, PME et PMI,* L'Harmattan, colección «Gouvernance et entreprise», París, 2012, pp. 26-27.

[192] A. Sen, «L'éthique des affaires a-t-elle un sens économique?», en A. Anquetil (dir.), *Éthique des affaires. Marché, règle et responsabilité,* Vrin, colección «Textes clés de l'éthique des affaires», París, 2011, p. 53.

[193] Combe y Deschamps, *Éthique en toc…* [1996:14].

[194] O. Gélinier, *L'éthique des affaires…* [1991:9].

[195] A. Deneault, *«Gouvernance». Le management totalitaire,* Lux, colección «Lettres libres», Montreal, 2013.

[196] D. Iweins, «Éthique des affaires: pourquoi il est si délicat de légiférer», *Les Échos,* 2 de marzo de 2020, p. 10.

[197] Combe y Deschamps, *Éthique en toc…* [1996:34-38].

[198] E. Levant, Ethical *Oil: The Case For Canada's Oil Sands,* McClelland & Stewart, Toronto, 2010. Una visión opuesta en A. Nikiforuk, *Les sables bitumineux: la honte du Canada. Comment le pétrole sale détruit la planète,* Écosociété, Montreal, 2010.

[199] G. Mordillat y N. Philibert, *La voix de son maître,* INA, Laura Productions / SERDDAV, 1978, 100 minutos.

[200] L. Boltanski, *Les cadres. La formation d'un groupe social,* Éditions de Minuit, colección «Le sens commun», París, 1982.

[201] D. Graeber, *Bureaucratie. L'utopie des règles,* [2015], Actes Sud, colección «Babel», Arles, 2017.

[202] C. de Gaulejac, *Les maîtres du monde sont des gens, exposition,* Galerie UQO, del 15 de octubre al 30 noviembre de 2020.

[203] «Société à responsabilité limitée», *Cliquez-Justice,* página consultada el 25 de octubre de 2020.

[204] «Société par actions», Banque de développement du Canada, s. d.

[205] «La responsabilité des dirigeants de société», *Cours de droit,* 10 de mayo de 2019.

[206] C. de Gaulejac y A. Deneault, *La croisière ne s'amuse plus,* Gatineau, Galerie UQO, serie «Entretiens», nº 6, abril de 2021.

[207] J. Derrida, «La mythologie blanche» [1971], en *Marges de la philosophie,* Éditions de Minuit, colección «Critique», París, 1972; en castellano, *Márgenes de la filosofía,* C. González Marín (tr.), Cátedra, Madrid, 2006.

[208] K. Marx, *Le capital. Critique de l'économie politique* [1867], PUF, colección «Quadrige», París, 1993, p. 6; en castellano, por ejemplo, *El capital,* V. Romano García (tr.), Akal, Madrid, 2022; para la traducción utilizamos la edición francesa.

[209] G. Mordillat y N. Philibert, *La voix de son maître* [1978].

[210] C. Losmann, *Work Hard Play Hard,* HUPE Film, 2011, 88 minutos.

[211] G. H. Brundtland, *Notre avenir à tous. Comment faire entrer les sciences en démocratie,* Commission mondiale sur l'environnement et le développement (CMED), ONU, Nueva York, 1987. La ONU publicó también en castellano el informe Brundtland con el título *Nuestro futuro común.*

[212] De. Meadows, Do. Meadows y J. Randers, *Les limites à la croissance (dans un monde fini),* Rue de l'Échiquier-Écosociété, colección «Initiales DD» y colección «Retrouvailles», París/Montreal, 2012/2013 [traducción de la edición de 2004 de un informe publicado en 1972]; puede verse en castellano, *Los límites del crecimiento 30 años después,* Galaxia Gutenberg, Barcelona, 2006.

[213] «Déclaration de Rome des chefs d'État et de Gouvernement du G20», Présidence de la République, 1 de noviembre de 2021. [Postilla del traductor: Puede verse el documento original, en inglés, en el portal del Gobierno italiano: https://www.governo.it/sites/governo.it/files/G20ROMELEADERSDECLARATION_0.pdf (consultado a las 06:42 del 19 de diciembre de 2023)].

[214] «Objectifs de développement durable», artículo 14.4.

[215] Ph. Cury y D. Pauly, *Mange tes méduses! Réconcilier les cycles de la vie et la flèche du temps,* Éditions Odile Jacob, colección «Sciences», París, 2013; D. Gascuel, *Pour une révolution dans la mer. De la surpêche à la résilience,* Actes Sud,

colección «Domaine du possible», Arles, 2019; A. Tabrizi, *Seaspiracy. La pêche en question,* A.U.M. Films / Disrupt Studio, 2021, 89 minutos.

[216] OCDE, «Il est urgent d'agir pour freiner la surpêche et réformer le soutien au secteur halieutique», comunicado, 10 de octubre de 2020.

[217] J.-G. Vaillancourt, «Le développement durable ou le "compromis" de la Commission Brundtland», *Cahier de la recherche éthique,* 15 (1990), p. 21.

[218] C. Figuière, «L'écodéveloppement, le développement durable autrement», *The Conversation,* 9 de mayo de 2019.

[219] Ch. Bonneuil y J.-B. Fressoz, *L'événement anthropocène. La Terre, l'histoire et nous* [2013], Seuil, colección «Points histoire», París, 2016, pp. 36-37.

[220] A. Bednik, *Extractivisme. Exploitation industrielle de la nature: logiques, conséquences, résistances,* Le Passager clandestin, Neuvy-en-Champagne, 2016.

[221] D. Pestre, *À Contre-science. Politiques et savoirs des sociétés contemporaines,* Seuil, colección «La couleur des idées», 2013, París, pp. 176-177.

[222] «L'effondrement de notre civilisation», entrevista de Yves Cochet concedida a Clément Montfort, *Next,* 21 de diciembre de 2017.

[223] G. Marshall, *Le syndrome de l'autruche. Pourquoi notre cerveau veut ignorer le changement climatique* [2014], Actes Sud, colección «Domaine du possible», Arles, 2017.

[224] M. Bookchin, *Une société à refaire* [2011].

[225] A. Le Brun, *Perspective dépravée. Entre catastrophe réelle et catastrophe imaginaire,* Éditions du Sandre, París, 2011.

[226] J. Gleick, *La théorie du chaos. Vers une nouvelle science* [1987], Flammarion, colección «Champs», París, 2021.

[227] Ch. Bonneuil y J.-B. Fressoz, *L'événement anthropocène. La Terre, l'histoire et nous* [2013], Seuil, colección «Points histoire», 2016, París, p. 73.

[228] C. Hamilton, *Les apprentis sorciers du climat. Raisons et déraisons de la géoingénierie,* Seuil, colección «Anthropocène», París, 2013.

[229] «L'écologie, combat du siècle», Presidencia de la República Francesa, 13 de febrero de 2022.

[230] Hamilton, *Les apprentis sorciers du climat* [2013]; y P. O. Lévy, *Les apprentis sorciers du climat,* Arte / Artline Films, 2015, 84 minutos.

[231] Aristóteles, *Ética Nicomáquea,* III, 3, 1112a-1112b; pp. 185-186.

[232] H. Jonas, *Le principe responsabilité. Une éthique pour la civilisation technologique* [1979], Flammarion, colección «Champs essais», París, 2013, p. 30; en castellano, *El principio de responsabilidad. Ensayo de una ética para la civilización tecnológica,* J. Fernández Retenaga (tr.), Herder, Barcelona, 1995.

[233] C. Lafontaine, *Le corps-marché. La marchandisation de la vie humaine à l'ère de la bioéconomie,* Seuil, colección «La couleur des idées», París, 2014, p. 49.

[234] «Manipuler les gènes, acceptable ou non?», *Génome Québec,* s. d.

[235] H. Morin, «Des bébés génétiquement modifiés seraient nés en Chine», *Le Monde,* 26 de noviembre de 2018.

[236] D. Kreiss y S. C. Mcgregor, «Technology Firms Shape Political Communication: The Work of Microsoft, Facebook, Twitter, and Google With Campaigns During the 2016 u.s. Presidential Cycle», *Political Communication,* 35.2 (2018), pp. 155-177; N. Persily, «Can Democracy Survive the Internet?», *Journal of Democracy,* 28.2 (abril de 2017), p. 65; y N. Scola, «How Facebook, Google and Twitter "Embeds" Helped Trump in 2016», *Politico,* 26 de octubre de 2017.

[237] P. Henrichon, *Big Data: faut-il avoir peur de son nombre? Cybernétique, dataveillance et néolibéralisme: des armes contre la société,* Écosociété, Montreal, 2020.

[238] V. Devictor, *Nature en crise. Penser la biodiversité,* Seuil, colección «Anthropocène», París, 2015.

[239] H. Arendt, *Du mensonge à la violence. Essai de politique contemporaine* [1972], Calmann-Lévy, colección «Liberté de l'esprit», París, 1991, p. 145; en castellano, véase *Las crisis de la República,* G. Solana Alonso (tr.), Trotta, Madrid, 2023.

[240] Expresiones de Richard Martineau reproducidas en Olivier Niquet, *Le bêtisier 2020,* ici Radio-Canada Première, 28 de diciembre de 2020.

Índice

ELECCIONES A CORTES GENERALES 2019
ELECCIONS A CORTS GENERALS 2019
DIPUTADOS/AS
DIPUTATS/ADES
BARCELONA
PP
PARTIDO POPULAR/
PARTIT POPULAR
(PP)

SONIA GUERRA LÓPEZ
ENRIC FERNÁNDEZ-VELILLA CEPRIÀ
ALICIA RODRÍGUEZ LUNA
CARLES CUERVA CLAVER
GRÀCIA GARCIA MATUTE
JOSEP PARÉ AREGALL
CARMEN GARCIA LORES
GERARD LLOBET SÁNCHEZ
SUSANNA MÉRIDA LÓPEZ
TOMÁS CASERO GARCÍA
MARIA TERESA CARRILLO GARCIA
MOHAMMAD IQBAL CHAUDHRY
SONIA BELTRÁN DEY
SERGIO NAVARRO TUDELA
MANUELA ARRIAGA AZPIAR
MARC CABAÑAS HIDALGO
MARIA JESÚS RODRÍGUEZ MARTÍNEZ
MANUEL RAMÓN ORTIZ MARCHENA
CINDY RANDO RADAELLI
JOSÉ ANTONIO GARCÍA SACEDA
MARIA CRISTINA CRISTÓBAL RUIZ
FRANCISCO ORTIZ HERRERA
EULÀLIA LLUCH BRAMON
MATÍAS CARNERO SOJO
Suplentes / Suplents
EDUARD VALLHONESTA ALARCÓN
CLARA JAKQUELINE BACA CHANKINGAH
JESÚS PRIETO SANTOS
MARIA LLADÓ LEAL
JOSÉ LUIS SALAZAR MAÑEZ
GISELA VARGAS REYES
HÉCTOR LEAL REYES
MARIA VALLEJO GONZÁLEZ
FRANCISCO BRINGUERET NAFRIA
NOEMÍ TRUCHARTE CERVERA

«E il naufragar m'è dolce in questo mare»